JOURNAUX

ET

JOURNALISTES

PAR

ALFRED SIRVEN

LE JOURNAL DES DÉBATS

3e Édition

PARIS

F. COURNOL, LIBRAIRE-ÉDITEUR

20, RUE DE SEINE.

1865

JOURNAUX ET JOURNALISTES

JOURNAUX

ET

JOURNALISTES

PAR

ALFRED SIRVEN

LE JOURNAL DES DÉBATS

3ᵉ Édition

PARIS

F. COURNOL, LIBRAIRE-ÉDITEUR

20, RUE DE SEINE.

1865

Notre intention n'est pas, elle ne peut être d'écrire l'histoire du journalisme en France.

Il y a, sur ce sujet, plusieurs excellents ouvrages que les curieux pourront consulter.

Nous ne projetons même pas de donner la biographie de tous les publicistes qui ont écrit à toute époque dans celles des feuilles qui vivent encore aujourd'hui sous le titre qu'elles ont eu à l'origine.

Nous ne parlerons certainement ni de Vizé, ni de Théophraste Renaudot.

Ainsi que notre titre l'indique, nous nous occuperons exclusivement des journaux sub-

sistant en l'an de grâce 1865, et des écrivains qui concourent à leur rédaction.

De ces journaux, il en est qui datent déjà de fort loin; de ces écrivains, il y en a plusieurs qui ont lutté la plume à la main sous la Restauration, qui ont admiré sous le premier Empire.

Ainsi limitée, tracée, circonscrite, notre tâche n'est pas sans difficultés.

Il est périlleux d'apprécier le caractère, le talent et les œuvres de contemporains, surtout lorsque ces contemporains sont des hommes politiques ou tout au moins des polémistes.

Il faut, sous peine d'être injuste, faire abstraction de ses sentiments et de ses convictions personnelles; il faut se dépouiller de préjugés et de passions.

Notre volonté est d'en agir ainsi, — donc ce sera.

Nous ne crierons donc pas anathème sur des opinions qui, tout erronées qu'elles puissent être, sont exprimées en style magnifique quelquefois par des hommes dont il ne nous appartient pas de suspecter la sincérité.

Nous nous contenterons d'exposer, de discuter leurs idées ; nous ne les incriminerons pas.

Si des études biographiques appellent parfois un coup d'œil sur la vie privée, ce coup d'œil sera circonspect, sera discret ; il sera honnête.

Nous rechercherons avec conscience, nous compulserons avec rigueur tous les documents nécessaires à l'accomplissement de notre œuvre : ce sera loyauté ; notre devoir avant tout est d'être juste.

Les recherches, quelque multipliées ou quelque arides qu'elles soient, ne nous rebuteront pas, mais nous prenons le formel engagement de ne jamais mêler une goutte de fiel à notre encre.

Oh ! sans doute, il nous serait doux de retrouver aujourd'hui des journaux que les tempêtes ont dissipés, des hommes qui en composaient la rédaction, et qui ont ou disparu violemment dans la tourmente, ou volontairement abdiqué leur apostolat le jour où la presse dut manquer à l'expression de la libre pensée.

Mais toute œuvre doit avoir ses bornes, toute entreprise ses limites, et nous sacrifierons à la nécessité de circonscrire l'étude que nous allons essayer des sympathies rétrospectives, des souvenirs et des regrets.

Alfred Sɪʀᴠᴇɴ.

INTRODUCTION

**Revue rétrospective de la presse
de 1789 à 1851.**

Le journalisme politique ne date réellement
que de 1789.

Jusqu'à cette époque, les publications périodiques se bornaient en général à rapporter les
nouvelles de la ville et de la cour, les bons mots
dont l'esprit français est si prodigue, les petits

scandales de boudoirs et de théâtre : ils n'appré-
ciaient pas.

Si, par hasard, une *gazette burlesque* affectait un
caractère politique, comme elle n'avait point d'an-
tagonistes, ses appréciations n'étaient point dis-
cutées et elle traduisait sans contradictions les impressions personnelles de madame de Longueville.

C'est la Révolution française qui fit, des hommes
les plus importants des assemblées de cette époque,
d'impétueux et éclatants journalistes.

Barrère, Condorcet, Brissot, Camille Desmoulins, André Chénier, Dulaure, Ducos, Dupont de
Nemours, Fontanes, Fréron, Gorsas, Rabaut Saint-
Étienne, Robespierre, Marat, fondèrent et rédigè-
rent de nombreux journaux (en 1790 il y en avait
140) qui défendaient ardemment la Révolution ou
qui l'attaquaient avec violence.

La libre communication des pensées et des opinions avait été déclarée un des droits les plus précieux de l'homme; aussi chaque citoyen pouvait-il
parler, écrire, imprimer librement.

Point de censure préalable, et s'il arrivait que,
dans des cas déterminés par la loi, un citoyen eût
à répondre de l'abus de sa liberté, c'était devant des
jurés qu'il était appelé à comparaître.

Il n'est rien de comparable à l'énergie ni, avouons-
le, au tumulte des discussions qui marquèrent cette
grande époque.

Des épidermes susceptibles et impressionnables en furent parfois offensés ; des faiseurs de motions réclamèrent même, en essayant de distinguer entre la liberté et la licence, une réglementation de la presse.

L'*Ami du Peuple*, de Marat, et son antipode, l'*Ami du Roi*, de Royou, furent dénoncés à l'Assemblée législative, mais les nobles défenseurs des principes firent décider qu'un décret d'accusation contre les écrivains anéantirait le droit imprescriptible et sacré de la liberté de la presse.

En 1793 seulement, et après que la royauté eut été abolie, la raison du salut public servit d'excuse à des mesures prises contre les journaux, mais le principe de la liberté de la presse resta immuablement inscrit dans tous les actes constitutionnels.

Si l'auteur du *Diable amoureux*, Cazotte, qui avait collaboré aux *Folies du mois, journal à deux liards;* si le rédacteur du *Vieux Cordelier*, Camille Desmoulins; si André Chénier payèrent de leur vie leurs actes réactionnaires, ce ne fut pas pour leurs articles de journaux. Quelque violents qu'ils fussent, leurs écrits ne furent pas poursuivis, bien qu'un décret déclarât passible de la peine de mort tout auteur d'ouvrages tendant à la dissolution de l'Assemblée nationale ou au rétablissement de la royauté.

Mais quand la République n'exista plus que de

nom, quand elle fut livrée au Directoire, les journalistes présentés ou comme complices de la conspiration royale, ou comme fauteurs de tous les
désordres, furent l'objet de persécutions effrénées.
Dupont de Nemours fut réduit à s'expatrier : il se
réfugia aux États-Unis. Barbé-Marbois, Sicard,
Laharpe furent déportés.

Les auteurs du *Bulletin des armées coalisées*, la
Parisienne, la *Quotidienne*, le *Courrier de Paris*, le
Grondeur, le *Démocrate*, les *Hommes libres*, le *Défenseur des principes*, la *Feuille du jour*, le *Nécessaire*, le *Défenseur de la patrie*, furent placés sous le
coup de mandats d'arrêt, les scellés furent apposés
sur leurs presses.

Le rédacteur du *Tribun du peuple*, Babeuf, fut
traduit devant la haute Cour nationale séant à
Vendôme en 1796.

En moins de dix années, cinq cents journaux
naquirent et moururent, et jusqu'à la sombre date
du 18 brumaire, furent emprisonnés tous les écrivains coupables de déplaire à Sieyès, ce rhéteur
qui invoquait encore l'intérêt du gouvernement
républicain la veille même du jour où il savait
que devait s'accomplir un suprême attentat contre
ce gouvernement.

L'entrée du Premier Consul au pouvoir fut marquée par des mesures vraiment radicales contre les
journaux et les journalistes.

Le ministère de la police, aux termes d'un arrêté sans réplique, ne dut laisser publier et distribuer que le *Moniteur universel*, le *Journal des Débats*, le *Journal de Paris*, le *Bien Informé*, le *Publiciste*, l'*Ami des lois*, la *Clé des cabinets*, le *Citoyen Français*, la *Gazette de France*, le *Journal des hommes libres*, le *Journal du soir*, le *Journal des défenseurs de la patrie*, la *Décade philosophique* et les journaux s'occupant exclusivement de science, d'art et de littérature.

Il est bien entendu qu'on avait pris ces précautions avec les journaux tolérés, que ceux qui n'étaient pas officiels devaient être officieux; les propriétaires et rédacteurs avaient eu à se présenter à la police et promettre fidélité à la Constitution.

Par complément, pouvaient être supprimés sur-le-champ tous les journaux qui inséreraient des articles contraires au respect dû au pacte social (c'est ainsi qu'on qualifiait la consécration du 18 brumaire) et à la gloire des armées, ou qui publieraient des invectives contre les nations amies ou alliées du gouvernement nouveau, lors même que ces articles seraient extraits de feuilles périodiques étrangères.

L'Empire se fit.

Le 28 floréal an XII, Bonaparte passa Napoléon.

Il détestait les journalistes autant que les harangueurs; il redoutait les bureaux de rédaction à l'égal des clubs. Aussi, comme selon lui la liberté limitée de la presse aurait promptement amené le rétablissement de ce qu'il appelait l'anarchie; comme la tranquillité aurait été très-vite troublée, s'il eût livré aux factieux (c'est son mot) la faculté d'écrire dans les journaux, lui à qui le pouvoir était échu, *parce qu'il en jouait bien*, leur enleva-t-il résolûment cette faculté.

Il ne laissa subsister de journaux que le *Moniteur*, le *Journal des Débats*, la *Gazette de France* et le *Journal de Paris*.

Le *Moniteur*, inspiré quotidiennement par le chef de l'État, disait tout ce qui se pouvait dire. Les autres étaient pleinement les maîtres de reproduire les articles du journal officiel, et, en dehors de cela, il leur était loisible d'applaudir tous les actes du gouvernement impérial.

On leur permettait aussi, ou plutôt on leur enjoignait d'attaquer quotidiennement la République tombée, les Jacobins, et, parmi ceux-ci, tout spécialement Robespierre, dont le chef du pouvoir régnant avait été pourtant l'un des trop heureux protégés.

Napoléon poussait loin l'indépendance du cœur.

Le *Journal des Débats*, il faut le dire à son honneur, risquait bien quelquefois, avec une extrême circonspection, quelque anodine critique : c'était trop.

De pareilles audaces indiquaient de reste qu'il était *vendu aux Anglais,* et un censeur lui fut donné par mesure répressive. Le chef de l'État, mu par l'intérêt bien compris de ce journal, voulant sans doute le soustraire à une direction ruineuse, *ne trouva point d'autre moyen* de donner de la valeur à la propriété du *Journal des Débats,* que de le mettre entre les mains d'hommes d'esprit attachés au gouvernement. Ces hommes d'esprit devaient comprendre que, « toutes les fois qu'il parviendrait une nouvelle défavorable au gouvernement, elle ne devrait point être publiée jusqu'à ce qu'on fût tellement sûr de la vérité, qu'on ne dût plus la dire parce qu'elle serait connue de tout le monde. »

Puis, le titre du *Journal des Débats* avait un petit air discuteur, agressif et déplaisant; il rappelait des souvenirs de la Révolution : on lui imposa le titre de *Journal de l'Empire,* et on le livra à la direction de Fiévée.

Le dévouement de ce dernier parut bientôt insuffisant, on fit appel au dévouement d'Étienne, qui lui-même ne satisfit pas toujours.

Le *Mercure de France,* qui n'avait pas été supprimé dès les premiers jours, le fut dès que Chateaubriand en eut acheté la propriété de Fontanes.

Le *Journal du soir,* le *Journal du commerce,* le *Courrier de l'Europe,* la *Feuille économique,* furent tout uniment réunis au *Journal de Paris*, dont la propriété, divisée en vingt-quatre actions, fut distribuée à titre de récompense aux fidèles de l'Empereur.

Même procédé avait été suivi dès le 18 février 1810 à l'égard du *Journal de l'Empire*, ci-devant *Journal des Débats*.

Il n'y eut donc plus, ainsi que l'a dit M. Villemain, « dans l'ordre des idées, d'autre langage possible que le raisonnement prescrit par l'autorité ; il n'y eut plus dans l'ordre des faits d'autres vérités souffertes que les innombrables déclarations d'absence dont, après 1812, le *Moniteur* enregistrait habituellement dans ses colonnes d'annonces judiciaires le relevé funèbre. »

La France subit cette compression jusqu'en avril 1814. Jusqu'au 30 mars de cette année, les journaux, rédigés encore sous l'œil et le sabre des agents du gouvernement et de la police, retentirent encore des protestations de dévouement à l'Empire.

Toutes les nouvelles qu'ils continrent furent rédigées dans le sens impérial. Le 31 mars, le *Journal de l'Empire*, dont les anciens propriétaires, les frères Bertin, venaient de reprendre possession, ne parut pas, pour reparaître le 1er avril sous son nom primitif et pour donner le ton dans le concert de malédictions qui, à partir de ce jour, s'éleva contre la tyrannie napoléonienne.

On a souvent parlé avec mépris des diatribes qui furent alors dirigées contre le colosse dont la ruine allait s'accomplir. Sans doute elles pourraient sembler manquer de dignité si elles s'étaient produites après la chute d'un pouvoir justement exécré, mais remarquons qu'elles la précédèrent et nous trouverons qu'elles furent des traits de courage. Nous n'en dirons pas autant des déclarations du Sénat, de ce corps bassement adulateur qui, après s'être traîné dans la boue aux pieds de son maître dédaigneux, prononce la déchéance de celui-ci, et qui, après s'être fait le complice et l'agent de cette tyrannie, pour plaire sans doute à la presse réintronisée, fonde la mesure qu'il prend sur cette considération entre autres, que « la liberté de la presse établie et consacrée comme un des droits de la nation a été constamment soumise à la censure arbitraire de la police, et qu'en même temps Buonaparte s'est toujours servi de la presse pour remplir la France et l'Europe de faits controuvés, de maximes fausses, de doctrines favorables au despotisme, et d'outrages envers les gouvernements étrangers. »

Pour mettre le sceau à son infamie, il dépêcha une députation au lieutenant-général du royaume. Dans le discours que par ses délégués il lui adressa, il s'exprima avec une tendresse de bon goût sur la liberté de la presse, et reçut de lui l'assurance que la liberté de la presse serait respectée, sauf les restrictions nécessaires à l'ordre et à la tranquillité publique.

La Charte que Louis XVIII *octroya* quelque temps après contint la même déclaration : « Les Français ont le droit de publier et de faire imprimer leurs opinions, en se conformant aux lois qui doivent réprimer les abus de cette liberté. »

Les royalistes, maîtres du terrain, ne tardèrent pas à réclamer de ces lois répressives.

La loi du 21 octobre 1814 établit que tous les écrits de vingt feuilles et au-dessous seraient soumis à une censure préalable; que les journaux et écrits périodiques ne pourraient paraître qu'avec l'autorisation du roi; que les imprimeurs et les libraires devraient être brevetés et assermentés.

Une ordonnance du 24 octobre se hâta de nommer vingt censeurs royaux, parmi lesquels M. Guizot qui, dans une brochure intitulée : *Quelques idées sur la liberté de la presse,* avait, dès le retour des Bourbons, demandé la censure.

Quelques hommes de cœur fondèrent cependant des journaux, malgré la contrainte à laquelle ils allaient désormais se trouver soumis.

Cauchois-Lemaire créa le *Nain jaune;* Jay et Étienne firent paraître l'*Indépendant,* qui successivement s'appela l'*Écho du soir,* le *Courrier général,* le *Courrier du commerce,* pour prendre définitivement en 1819 le nom de *Constitution-nel*.

Comte et Dunoyer publièrent le *Censeur euro-péen* et s'avisèrent ingénieusement, pour échapper à la censure, de donner à chaque numéro une éten-due de plus de vingt feuilles.

C'est dans ce journal que parut un mémoire de Carnot qui produisit alors une grande sensation.

Quant aux gazettes royalistes, elles étaient triom-phantes et sinistres.

La *Quotidienne* et le *Journal royal* versaient à l'envi l'outrage sur les hommes et les choses de la Révolution et poussaient le chef du gouvernement aux mesures les plus rigoureuses contre tous ceux qui n'étaient pas de leur avis.

Tout à coup Napoléon, échappé de l'île d'Elbe, débarque au golfe Jouan le 1er mars 1815, et le 20 il est à Paris.

Les journaux royalistes firent un plongeon pru-dent : Sa Majesté Louis XVIII venait, pour nous servir des expressions du père Loriquet, de re-prendre la route des Flandres.

Il y eut quelques bons moments, pendant les Cent-Jours, pour la presse. L'Empereur, qui vou-lait gagner les cœurs, avait, par un décret du 25 mars, aboli la censure et supprimé la direction de l'imprimerie. Le ministre de la police, Fouché, accueillait les journalistes avec une grâce parfaite pour les engager à ne pas parler contre le gouvernement, et leur promettait que le nouvel Empire ne ressemblerait en rien au précédent.

Peu d'entre eux, il faut le dire, furent dupes de ces avances et de ces promesses, et le *Censeur européen* moins que tout autre.

Il trouvait avec raison que le sabre est peu favorable à la liberté.

L'émigration avait aussi ses journaux, et publiait à Gand le *Moniteur universel* qui, presqu'immédiatement forcé, par suite des susceptibilités du gouvernement des Pays-Bas, de renoncer à son titre, prit celui de *Journal universel*.

Au nombre de ses principaux rédacteurs, on peut citer Chateaubriand, Lally-Tollendal, Jocours, Beugnot, MM. Bertin du *Journal des Débats*.

A peine Napoléon se put-il croire assis de nouveau, qu'il se reprit à songer aux moyens de restreindre la liberté de la presse.

« Cette liberté, disait-il, est inhérente à la constitution actuelle; on n'y peut rien changer sans altérer tout notre système politique, mais il faut les lois répressives. »

Et naturellement, dans un rapport à l'Empereur, Fouché insistait quelques mois plus tard pour une loi sévère de répression.

Il paraît que les journaux rendaient compte des séances de l'Assemblée dans des termes qui ne flattaient pas toujours les représentants les plus dévoués à l'Empire.

L'un de ceux-ci eut l'idée ingénieuse de demander que des secrétaires de la Chambre délivrassent aux journalistes des extraits conformes qu'ils seraient tenus de reproduire, et auxquels ils auraient eu à se borner.

Cette motion fut rejetée avec vigueur. Ce n'est que depuis 1852 qu'on a mis en pratique le principe qu'elle préconisait.

Le 22 juin, l'Empire croula définitivement.

La deuxième Restauration se montra disposée aux actes les plus hostiles à toutes les libertés. Celle de la presse ne fut pas ménagée.

Il est vrai que le roi recevait à son tour les inspirations de ce fameux Fouché qui se retrouvait immuablement préfet de la police sous tous les régimes.

Le *Nain jaune* fut supprimé, et son propriétaire ruiné fut forcé de se réfugier en Belgique, où une nouvelle persécution l'attendait.

Et pourtant l'opposition s'organisait. Si le *Conservateur* se faisait impudemment l'organe des prétentions royalistes et de l'intolérance religieuse, la *Minerve*, l'*Homme gris*, la *Bibliothèque historique*, fondée par Chevalier-Reynaud, le *Constitutionnel*, démasquaient les plans formés contre les libertés publiques, signalaient les manœuvres de la réaction, éventaient les projets de l'obscurantisme, et, tout en laissant leurs réactions aux mains des gens du roi et aux harpons des geôliers, servaient efficacement les intérêts du pays.

Après les lois de 1819, qui réglementèrent de nouveau la presse, et qui furent presque un triomphe pour l'opposition libérale, d'autres journaux se fondèrent.

Benjamin Constant, Jouy, Lebrun, Pagès (de l'Ariége) créèrent la *Renommée;* Villenave, avec la collaboration de Chatelain et de Kératry, publia le *Courrier français.*

Malgré l'indépendance dont ces journaux firent preuve, le pouvoir, qui se sentait quelque peu désarmé par les nouvelles lois, ne risqua que de rares poursuites et presque toujours les rédacteurs, traduits devant le jury, furent acquittés.

Il va sans dire que si le journalisme libéral eut alors de nobles hardiesses, les journaux royalistes eurent aussi un ardent fanatisme, et que, par exemple, Martainville, fougueux rédacteur du *Drapeau blanc,* donnait la riposte vive et drue à tous ceux qui ne partageaient pas ses convictions. L'assassinat du duc de Berry, accompli le 13 février 1820, fut l'occasion pour les royalistes de faire perdre à la presse tout le terrain qu'elle avait gagné.

La loi du 31 mars 1820 suspendit la libre circulation des journaux, établit la censure préalable, décida que toute feuille ou tout article publié sans avoir été communiqué aux censeurs avant l'impression, ou inséré sans avoir été approuvé, serait puni correctionnellement, autorisa dans ce cas le gouvernement à prononcer la suspension du journal jusqu'au jugement, à prolonger en cas de condamnation la suspension pendant six mois, et à prononcer en cas de récidive la suppression du journal.

Une ordonnance du 1er avril de la même année compléta l'œuvre de réaction.

Le *Conservateur* et la *Minerve* cessèrent de paraître.

Plusieurs journaux libéraux quotidiens fusionnèrent et cherchèrent, en se réunissant, à acquérir une force qu'individuellement ils n'avaient plus.

On a peine à se figurer à quelles idées ou à quelles phrases la censure s'attaquait. Elle paraissait s'inspirer de tous les sentiments mesquins et jaloux qui couvaient dans le cœur des ultra-royalistes. Ainsi, elle interdisait au *Journal des Débats* de publier un article dans lequel il était question de la sensibilité dont le duc d'Orléans avait fait preuve en entendant proclamer à la distribution des prix le nom de l'aîné de ses enfants qui avait obtenu un accessit.

Permis à tous les journaux royalistes de dire

tout ce qui leur plaît contre les libéraux; à ceux-ci la réponse est invariablement interdite.

Des mouvements insurrectionnels se produisaient-ils, la force armée en triomphait-elle en tuant, il était défendu de faire allusion à des blessés ou à des morts.

Les journaux purement littéraires échappaient à la censure préalable, mais le ministère public savait généralement bien trouver dans leurs articles des allusions qui les faisaient sortir de leur cadre littéraire, et les procès se multipliaient contre eux.

C'est ce qui arriva souvent au *Miroir*, que rédigeaient Arnault, Cauchois-Lemaire, de Jouy et Dupaty.

Du 22 avril 1820 au mois de mai 1821, quarante-deux écrivains furent condamnés à la prison ou à l'amende.

On eût pu croire que les lois et les mesures répressives devaient paraître suffisantes au gouvernement. Il n'en était rien, car, en 1822, de nouvelles lois, celles du 17 et du 22 mars, enlevèrent à la presse et aux écrivains ce qu'alors on avait la naïveté de considérer comme leurs dernières garanties.

Aux termes de ces lois, aucun journal ou écrit périodique consacré à la politique ne pouvait paraître sans autorisation du roi. Le premier exemplaire devait, à l'issue de son tirage, être déposé au parquet : cela devait faciliter la rapidité des poursuites.

Si d'une succession d'articles il semblait résulter qu'un journal eût des tendances contraires au respect dû à la religion, au gouvernement, etc., etc., la Cour royale pouvait prononcer la suspension du journal pendant un mois la première fois, trois mois la deuxième, et sa suppression dans le cas de récidive.

Les Chambres législatives purent traduire à leur barre les écrivains par lesquels elles se prétendraient offensées. Le tribunal correctionnel fut établi juge des délits de presse ; on en enleva la connaissance au jury.

C'est vers cette époque que, pour des plaisanteries insérées dans le journal l'*Album* par Dumesnil et Magallon, ce dernier, condamné à treize mois de prison, fut envoyé à Poissy pour y subir sa peine, et fit le voyage à pied, accouplé à un forçat.

Le *Courrier français* et le *Pilote* furent les premiers soumis à un procès de tendance.

Le *Journal national*, imprimé clandestinement, et qui, malgré les difficultés de pareilles publications, eut plusieurs numéros, fut aussi poursuivi, et son rédacteur présumé fut condamné, par défaut il est vrai, à quatre années de prison et 10,000 fr. d'amende.

La *Quotidienne*, la loyale et immaculée *Quoti-*

dienne, eut aussi son procès, pour avoir publié une lettre de l'archevêque de Toulouse, M. Clermont-Tonnerre, contre la déclaration de 1682 ; mais Michaud, son rédacteur en chef, ne fut pas condamné à quatre années de prison, et en fut quitte pour une condamnation, non pas à 10,000 fr. d'amende, mais à 30 fr.

Sans être devin, on pouvait prédire à coup sûr que pareille situation ne serait point de durée. Les magistrats commencèrent à comprendre qu'il devenait imprudent de donner au gouvernement des marques trop réitérées de condescendance.

Ils risquèrent un acquittement, et le ministère eut l'idée, ingénieuse assurément, de se débarrasser à tout prix de la presse par l'amortissement des journaux.

MM. de Villèle, de Corbières et Sosthène de La Rochefoucauld se mirent à acheter, au moyen de capitaux fournis par la liste civile et les fonds secrets, certains journaux qu'on ne voulait ni suspendre ni anéantir.

Les premiers qui accédèrent à ces honteuses transactions furent la *Foudre*, le *Drapeau blanc*, l'*Oriflamme*, le *Journal de Paris*, la *Gazette de France* et les *Tablettes universelles*, recueil hebdomadaire fondé par Jacques Coste, qui plus tard fonda le *Temps*, et qui préludait ainsi logiquement aux faits qui ont signalé la fin de sa carrière. Le

Journal des Débats caractérisait et flétrissait, comme ils méritaient de l'être, ces infâmes marchés : il est vrai que les prix étaient bien tentants. La *Quotidienne* aussi fut achetée.

Par voie d'achat et par voie de procès, le ministère était donc parvenu à éteindre un certain nombre de journaux ou à en avoir de très-nombreux à sa discrétion. Néanmoins, en vertu de décisions des tribunaux, l'*Aristarque*, qui avait été supprimé par l'autorité administrative, put reparaître. Cela exaspéra le ministère, qui, bravant l'indignation publique, rétablit en quelques lignes, par l'ordonnance du 15 août, la censure préalable.

La censure se remit à fonctionner, et elle continua à procéder selon ses us et coutumes, c'est-à-dire qu'aux journaux du gouvernement, à l'*Etoile* par exemple, elle permettait tout, l'injure, la calomnie, sans permettre qu'on lui réponde ni qu'on la poursuive.

Un instant, lors de la mort de Louis XVIII, un peu plus d'un mois après que l'ordonnance dont nous venons de parler avait été rendue, il fut permis aux naïfs de croire que la presse allait être enfin libre d'entraves. Charles X, en effet, avait rapporté l'ordonnance de son prédécesseur. Mais le nouveau gouvernement ne tarda pas à se montrer plus oppresseur encore que le gouvernement de

Louis XVIII et, chose à peine croyable, presque autant que le gouvernement de Napoléon.

Les procès de tendance se multiplient : le *Constitutionnel* et le *Courrier français* subirent les premiers le feu des réquisitoires du procureur général Bélard. La *Gazette des Tribunaux*, qui était alors presque à son origine, fut, ainsi que l'*Echo du soir* et le *Journal du commerce*, poursuivie pour des lettres d'Isambert sur la liberté individuelle.

En 1826, 169 affaires relatives à la presse, et dans lesquelles il y eut 99 condamnations à l'amende ou à l'emprisonnement, avaient paru devant les tribunaux. Ce fut bien pis encore en 1827.

Le 24 juin, la censure, qu'en arrivant au pouvoir Charles X avait déclarée inutile, fut rétablie. Il y eut un bureau de censure et un conseil de surveillance de la censure. Le premier, dans lequel on regrette de voir figurer Berchoux, l'agréable poète de la *Gastronomie*, fonctionnait sous la direction de Lourdoueix ; le second, dans lequel Cuvier, heureusement pour sa mémoire, refusa de figurer, avait pour président M. de Bonald.

Les censeurs de 1827 ne tolérèrent plus que l'on signalât par des blancs des articles supprimés, et encore moins qu'on les remplaçât par une paire de ciseaux gravés à la place que devait occuper l'article. Il fallut que le journal fût imprimé d'un bout à l'autre : « Vous sortirez amputés du laboratoire de la censure, mais elle ne souffrira pas que vous paraissiez boiteux ou manchots. » Aussi, bien souvent, au lieu où l'on comptait trouver l'article de fond, lisait-on souvent avec étonnement des détails sur la girafe ou l'annonce d'un chien perdu.

Et les censeurs ne faisaient pas seulement les affaires du gouvernement et de ses ministères (pardon, les affaires de l'ordre public et de la morale); ils faisaient aussi les leurs.

Désaugiers avait été désigné comme le plus gai et le plus spirituel des chansonniers; or, il y avait un chansonnier parmi les censeurs, aussi la désignation élogieuse fut-elle biffée.

Ce fut la *France chrétienne* qui réclama avec le plus de constance contre l'exercice de la censure ; elle mit tout en œuvre pour faire reconnaître les droits de la pensée : aussi trouva-t-on moyen d'en finir avec elle, en la suspendant sans autre jugement que celui du bureau de censure.

Impossible aux journaux de jamais signaler et flétrir les divers crimes commis alors par des prêtres ou des religieux. Ils ne pouvaient même pas annoncer les poursuites dont ces vénérables personnages devaient parfois être l'objet.

L'abbé Seffrès, curé de Biefeld, accusé du crime de viol et d'attentat à la pudeur avec violence, avait été renvoyé devant la Cour d'assises de

Colmar; l'abbé Saladin, accusé d'avoir empoisonné le curé de Pierrelatte, avait été traduit devant la Cour de Lyon : les journaux ne purent en dire un mot.

Il est presque inutile d'ajouter que lorsqu'un journal, le *Courrier français*, par exemple, le *Constitutionnel*, avait été l'objet de poursuites, il ne lui était jamais permis de publier sa défense.

C'est à cette époque que s'accomplit la fusion du *Journal de Paris* et de l'*Étoile*, achetés par le ministère, avec la *Gazette de France*, qui se trouva investie de tous les priviléges, de toutes les faveurs dont les journaux qu'elle absorbait avaient été comblés, et qui obtint l'avantage, jusqu'alors sans précédent, d'être reçue à la poste plus tard que tous les autres.

Enfin, après une dissolution de la Chambre et des élections, dans lesquelles le parti libéral l'emporta, le ministère Villèle tomba ; et sous le ministère Martignac, la presse périodique jouit d'une sorte de répit. Quelques nouveaux journaux : le *Temps*, le *National*, purent éclore pendant l'acalmie. Les journaux royalistes maugréèrent, et la *Gazette de France* exhala même, en des termes si peu mesurés, sa mauvaise humeur, qu'elle fut poursuivie.

Mais le temps de répit ne fut pas long : le garde des sceaux Bourdaux prescrivit, dans une circu-

laire adressée aux procureurs généraux, la plus
grande sévérité contre la presse. A la suite de ces
recommandations, le *Courrier français*, le *Corsaire*, le *Grondeur*, l'*Album* furent poursuivis et
condamnés.

Abandonné qu'il était aux ultra-royalistes et aux
jésuites, Charles X, qui, même quand il était
jeune, avait toujours été un faible esprit, remplaça
le ministère Martignac, trop préconisé d'ailleurs,
par le ministère Polignac. Le choix royal obtint,
c'est tout dire, l'approbation de l'*Apostolique*.

La *Gazette de France* exulta. Le *Constitutionnel*
et le *Courrier français* célébrèrent aussi la nouvelle
administration, mais par des raisons à eux : « On
s'amollissait, dirent-ils, au moins on va s'armer
d'indignation pour foudroyer ce ministère. »

Une guerre à outrance lui fut, en effet, déclarée
par le *Courrier français*, le *Constitutionnel*, le
Journal du commerce, le *National*, le *Globe*. Les
condamnations frappèrent la plupart d'entre eux.
La royauté s'exaspéra. Le 25 juillet, un rapport
présenté au roi, et dans lequel on imputait à la
presse de produire toutes les agitations, de démo-
raliser le pays, d'être des instruments de désordre
et de sédition, d'aspirer à subjuguer la souverai-
neté et à envahir les pouvoirs de l'État, de diffamer
systématiquement tous les agents du pouvoir, de
déverser son venin sur la religion et les prêtres; un

rapport, enfin, qui fut un long acte d'accusation, prépara l'ordonnance qui le suivit immédiatement, et qui suspendit la liberté de la presse, remit en vigueur la loi du 21 octobre 1814, imposa à tout journal périodique ou semi-périodique la nécessité d'une autorisation pour paraître, à leurs auteurs et imprimeurs, la reconnaissance par le gouvernement, décida que l'autorisation accordée, toujours révocable d'ailleurs, aurait à être renouvelée tous les trois mois, et qu'en cas de contravention, les presses et caractères seraient placés dans un dépôt public, sous scellés, ou mis hors de service.

Une protestation des journalistes eut lieu. Elle fut signée par Sauja, Thiers, Mignet, Carrel, Chambolle, Peyse, Albert, Stapffer, Dubochet, Rolle pour le *National;* Senty, Haussman, Dussart, Busoni, Barbaroux, Challas, Billiart, J.-J. Baude pour le *Temps;* Avenel, Alexis de Jussieu, Chatelain, Dupont, de la Pelouse pour le *Courrier français;* Lireux, Guizard, B. Dejean, Charles de Rémusat pour le *Globe;* Année, Cauchois-Lemaire, Evariste Dumoulin pour le *Constitutionnel*; Plagnioles, Fazy, Levasseur pour la *Révolution;* Sarrans jeune, Guyet; Moussette pour le *Courrier des électeurs;* Auguste Fabre, Ader pour la *Tribune des départements;* Bohain, Roqueplan pour le *Figaro;* Léon Pillet pour le *Journal de Paris;* et Vaillant pour le *Sylphe.*

Deux jours après, Charles X tombait; le duc d'Orléans recueillait sa couronne.

De belles promesses inaugurèrent le règne nouveau. La presse devait être libre ou à peu près; et cependant quelques mois ne s'étaient pas écoulés que déjà des procès étaient faits aux journalistes, et que la vente des journaux sur la voie publique se trouvait interdite.

Le *Bon Sens*, la *Révolution*, le *National*, l'*Avenir*, fondé par Lamennais et Lacordaire, la *Tribune*, la *Gazette de France*, le *Courrier de l'Europe*, le *Journal du commerce*, le *Messager*, le *Corsaire*, le *Charivari* étaient poursuivis, soit à la requête des gens du Roi, soit sur la plainte directe des Casimir Périer, des Soult, ministres à l'épiderme sensible, ou des Vivien, préfet de police peu patient.

Les journaux royalistes se signalèrent alors dans l'opposition. Le *Revenant*, la *Quotidienne*, la *Mode* n'étaient assurément pas moins hostiles aux Orléans, que les plus démocrates des journaux de cette époque.

En 1834, le *National*, écrasé sous une avalanche de procès, disparut, mais pour reparaître sous un titre légèrement modifié. Il se transforma, en effet, en : *National de* 1834.

La *Tribune* succomba aussi à la suite de condamnations presque systématiques : en quelques années, elle avait subi 102 procès. Huit de ses rédacteurs, parmi lesquels Germain Sarrut et Gervais (de Caen) étaient en prison, et elle avait encouru 120,000 francs d'amende.

Le *Réformateur*, fondé par Raspail, eut aussi une existence fort agitée, très-tourmentée et trop courte.

L'attentat de Fieschi fournit au gouvernement l'occasion de prendre, contre la presse, des mesures qu'il lui tardait, évidemment, de décréter. Les lois de septembre organisèrent un système terrible de prévention, de répression et de compression.

Et pourtant, c'est à cette époque que M. Émile de Girardin conçut le projet de réduire à 40 francs le prix des journaux. Il fonda la *Presse*. Le *Siècle* parut sur la même base, et le succès de ces deux journaux a prouvé l'exactitude des calculs que le *Bon Sens*, le *Constitutionnel*, les *Débats*, le *National*, la *Gazette de France* déclarèrent à l'envi inadmissibles et erronés.

Les discussions acerbes, auxquelles donna lieu l'innovation réalisée par M. de Girardin, amenèrent ce regrettable duel dans lequel Carrel succomba.

De 1837 à 1839, les poursuites contre les journaux ne furent pas extrêmement nombreuses, et celles qui se terminèrent plus particulièrement au gré du Parquet eurent lieu contre les journaux royalistes.

A partir de 1840, les colères gouvernementales se répartirent un peu plus également sur les organes des divers partis. C'est dans la période qui s'écoule de cette période à 1848, que Dupaty fut condamné pour *complicité morale* dans l'attentat de Quénisset sur le duc d'Aumale revenant d'Afrique, et que le *Journal du Peuple*, dont il était le gérant, tomba pour être remplacé par la *Réforme*.

La *Réforme* fut, sans conteste, le plus sincère des journaux démocratiques antérieurs à la révolution de 1848. Ses rédacteurs brillaient par des convictions fortes, et par une doctrine inattaquable. Il est vrai qu'au nombre de ses rédacteurs comptaient Ribeyrolles, Flocon, Ledru-Rollin et Louis Blanc. Les ouvriers fondèrent plusieurs excellents journaux : *La Ruche populaire, l'Atelier, et la Fraternité*. La jeunesse eut aussi son organe. Le *Journal des Écoles*, rédigé par des étudiants démocrates, sous la direction de Louis Blanc et de Désiré Pilette, publia des articles où l'énergie le dispute à la sûreté des vues et à la pureté des principes.

Quos vult perdere Jupiter dementat.

Louis-Philippe, qui s'était fait une loi de ne jamais mécontenter la bourgeoisie, manqua un beau jour à son programme, et, après un règne de dix-huit ans, il fut frappé de déchéance sans laisser derrière lui un regret ni même une colère.

La république fut proclamée.

Le Gouvernement Provisoire, qui, certes, ne fut pas composé d'hommes habiles, mais qui, soit dit à son éternel éloge, fut composé presque exclusivement d'hommes loyaux, ce gouvernement qui, par excès de franchise et de bonne foi, compromit l'œuvre révolutionnaire, proclama la liberté absolue de la presse, la liberté de discussions, la liberté de la tribune, toutes les libertés enfin, et n'attenta à aucune d'elles.

La *Réforme* devint naturellement alors un journal conservateur. La *Démocratie pacifique*, journal phalanstérien, qui, en conséquence d'ailleurs de ses doctrines, s'était parfaitement accommodé de la monarchie, s'arrangea encore mieux de la république.

Mais les gazettes royalistes s'ingénièrent à prouver qu'elles étaient tout acquises au nouvel ordre de choses, tout en se préparant néanmoins à le miner.

Ce qu'il parut alors de feuilles éphémères fut incalculable. Mais, dès le lendemain du triomphe populaire, s'instituèrent plusieurs journaux qui ont marqué.

Il y eut le *Représentant du peuple*, qui plus tard fut tout simplement le *Peuple;* son fondateur et

son oracle était Proudhon, ce merveilleux critique, ce polémiste sans autre rival peut-être que
Veuillot, cet écrivain éclatant, qui chaque jour
émettait une idée contradictoire que le peuple
absorbait comme vérité nouvelle. Ses principaux
rédacteurs étaient : Alfred Darimon, Langlois, Arnoult Frémy, Faure, George Duchesne, Vasbinter et Cœur-de-Roi.

La *République* ne passa pas non plus inaperçue,
malgré les entraves imposées à son rédacteur en
chef, Eugène Bareste, et au courageux Hervé, par
l'imprimeur Boulé, son propriétaire.

Il y eut aussi le *Père Duchesne,* dont les partisans
de la réaction ne manquèrent point de déconsidérer le titre, mais qui, dans ses numéros peu nombreux, ne laissa pas d'aborder avec infiniment de
hardiesse et de résoudre avec beaucoup de profondeur tous les grands problèmes sociaux. Colfavru, qui traita dans ce journal les graves questions auxquelles notre pensée se reporte en ce
moment, y développa toute la vigueur de son esprit et toute la justesse de sa dialectique.

Nous ne passerons pas sous silence la *Vraie Ré*
publique de Thoré, où ce démocrate convaincu mit
toute sa verve d'écrivain et d'artiste au service de
la révolution, et où Pierre Leroux, le doux philosophe, put dérouler ses théories aimées; ni l'*Or*
ganisation du travail, par le probe et intelligent

Pierre Vinçard, ni le *Tocsin des travailleurs,* par Emile Barrault, ni la *Commune de Paris,* par Sobrier et le vieux Cahaigne, ni l'*Ami du Peuple,* par Raspail, ni le *Populaire* de Cabet, fondé sous le gouvernement de Louis-Philippe, et rédigé presque exclusivement par son fondateur, auquel prêtaient quelquefois leur collaboration Beluze et d'autres Icariens; ni, d'autre part, les journaux qui, au fond, contraires à la révolution, parurent sous des titres trompeurs ou sous des rubriques hétérogènes: la *Liberté*, par exemple, l'*Assemblée nationale*, le *Napoléon républicain;* ni ceux qui, avec plus de conscience, s'appliquaient des noms qui ne disaient rien, tels que l'*Univers* ou la *Voix de la Vérité.*

Les événements du 15 mai amenèrent des disparitions de plusieurs de ces journaux, et ce ne furent pas les moins dévoués à la République qui sombrèrent.

A la suite des tristes journées de juin 1848, d'autres journaux démocrates disparurent encore.

Le cautionnement des journaux fut rétabli, et c'est à cette occasion que Lamennais, annonçant que désormais le *Peuple constituant,* dont il était rédacteur en chef, allait devoir cesser de paraître, disait : « *Silence aux pauvres!* »

Et c'est alors, cependant, que, pour défier en quelque sorte la réaction et pour prouver qu'aucun sacrifice ne pouvait coûter au véritable dévouement, parut la *Révolution démocratique et sociale*, généralement rédigée par Charles Delécluze et Désiré Pilette.

Dans ce journal parvint à se glisser, sous des pseudonymes multiples, Hippolyte Castille, que nous retrouverons plus tard, et qui dut parfois se sentir mal à l'aise à côté de ces deux hommes de fer.

Alors aussi, furent repris avec une nouvelle vigueur tous les grands problèmes sociaux. Proudhon persista, avec plus d'ardeur que jamais, à constituer le crédit et l'émancipation populaire par l'association des travailleurs ; Désiré Pilette, l'inflexible logicien, jeta comme un défi, à la face de la réaction, les formules du communisme révolutionnaire ; et Considérant, Cantagrel, Victor Hennequin, toute l'école phalanstérienne, en un mot, prêchèrent avec une sorte de fougue les théories de Fourier.

Mais c'est également à cette date qu'il faut placer l'inauguration de l'*Événement*, journal qui, d'abord, fut loin d'être favorable aux idées démocratiques, bien qu'à la suite ses principes s'épurèrent.

C'est aussi à cette époque que l'*Assemblée nationale*, fondée par de Lavalette, et l'*Ordre*, fondé par Chambolle et Léon Faucher, se montrèrent les plus acerbes, les plus haineux.

Une manifestation, qu'on a improprement appelée l'*Insurrection du Conservatoire*, fournit aux
ennemis coalisés de la République un prétexte
pour en finir avec la presse républicaine.

Louis Bonaparte, président de la République,
suspendit six journaux : la *Réforme*, le *Peuple*, la
Démocratie pacifique, la *Révolution démocratique et
sociale*, la *Vraie République* et la *Tribune des
Peuples*.

Les bureaux de rédaction furent occupés militai-
rement et, par excès de précaution, les presses
furent brisées.

Immédiatement, presque *ab irato*, des lois qui
résumèrent toutes celles de 1819, 1822, 1828 et de
septembre 1835 furent portées.

On était en juillet 1849.

Les journaux hostiles à l'ordre de choses qui
allait disparaître et ceux favorables surtout à l'ordre
de choses qui allait se fonder, eurent seuls la liberté de tout dire ; ils sapaient la Constitution et
apportaient quotidiennement leur pierre à l'édifice
projeté.

Seize mois s'écoulèrent de la sorte. On touche
au 2 décembre 1851. Tout à coup la République
s'écroule, l'Empire se dresse, une grande disper-
sion s'opère.

Un gouffre s'est ouvert sous les pieds des derniers
défenseurs de la République ; les journaux qui ont

préparé ou salué l'avénement de César sont seuls désormais assurés du lendemain.

Les rares survivants de la presse libérale ou royaliste se demandent avec inquiétude si leur voix ne va pas être étouffée. Hier, silence aux pauvres; aujourd'hui silence au peuple; et demain, silence à qui?

Pourtant toute publicité n'est pas encore éteinte. Des feuilles tous les jours s'impriment et paraissent. C'est de ces feuilles, vivantes encore sinon vivaces, et de leurs rédacteurs que nous allons exclusivement nous occuper.

PREMIÈRE PARTIE

HISTOIRE

PHILOSOPHIQUE, POLITIQUE ET LITTÉRAIRE

DU

JOURNAL DES DÉBATS.

CHAPITRE Ier.

1789 A 1799.

C'est pour la première fois, dans la séance permanente du 10 août, que le nom du *Journal des
Débats* est prononcé à l'Assemblée nationale et
entre ainsi en quelque sorte de plain pied dans
l'histoire. Un député demande que les loges du
Logographe et du *Journal des Débats* soient fermées.

« Ces journalistes, dit-il, tronquent les faits, dé-
naturent nos séances, et distillent avec l'art le plus
perfide le poison de l'incivisme. »

Baudouin, entrepreneur de ces journaux, est entendu à la barre : Il déclare que ni lui ni ceux qui
concourent aux opérations logographiques et typo-
graphiques de ces feuilles ne partagent les intentions des rédacteurs. »

Ce *Journal des Débats* n'était point l'illustre journal dont nous avons entrepris de raconter la fortune prodigieuse. Il devait vivre quelques années
encore, chétif et obscur, sous le titre oublié de *Journal des Débats et Décrets*, sec, aride, mais fidèle tableau
des opérations de l'Assemblée nationale, avant de
prendre ce titre insignifiant en lui-même, et devenu par le talent et la science des hommes les
plus habiles en tous genres le symbole le plus
superbe de la grande presse. De 1789, époque de
sa fondation, jusqu'à la seconde moitié de 1799, il
fut rédigé par un grand nombre d'hommes de
lettres. Les seuls noms que la postérité ait recueillis
sont ceux de Barrère, de Louvet et de Lacretelle
jeune.

Ses seuls titres de gloire se trouvent dans l'état
dressé en 1792 par Roland, état où le ministre de
l'intérieur rendait compte de la gestion des
100,000 livres allouées « pour frais de correspondance et d'impressions des écrits propres à éclairer

sur les trames criminelles des ennemis de l'État. »
Nous en extrayons cet article :

« Souscription pour trois mois au *Journal des*
« *Débats et Décrets* de l'Assemblée nationale en fa-
« veur de la municipalité de Magnerie... 15 livres.»

MM. Fiévée et Bertin, qui devaient suivre si
longtemps la carrière de publiciste et élever cette
feuille à un si haut degré de puissance, s'annon-
çaient déjà, le premier, à la *Chronique de Paris*, le
second à l'*Éclair*, comme les partisans des doctrines de Montesquieu, et aidaient de tout leur pouvoir au cours rétrograde de la Révolution.

Leur plume spirituelle payait un large tribut à
ce déluge de satires ménippées qui débordaient
partout et contre lesquelles le pouvoir éleva en vain
d'inutiles barrières.

La réaction envahissait tout, quand le Directoire, serré de trop près par les furieuses attaques
des journaux royalistes, les défère au jury et im-
plore des condamnations. Le jury, complice des
coupables qu'on traduit à son tribunal, n'a que des
verdicts d'acquittement pour toutes les paroles et
pour tous les partis. Il ne reste plus au Directoire
que la triste ressource des coups d'État.

L'acte du 18 fructidor est accompli.

Le *Journal des Débats et Décrets* dut à son in-
signifiance et à son obscurité d'être épargné
dans cette Sainte-Barthélemy de la presse.

A quelque temps de là, Bertin, son frère, Bertin de Vaux, Roux, Laborie et l'imprimeur Lenormand, associés, l'achetaient pour la modique somme de 20,000 francs.

1799 à 1805.

Bertin aîné.

C'est dans les liens étroits où la presse était enchaînée depuis l'avénement du Consulat que naquit ce journal célèbre entre tous, le *Journal des Débats*.

M. Bertin l'aîné, « le principal artisan de cette grande entreprise, dit M. Eugène Hatin, » était né à Paris, le 14 décembre 1766. Destiné à entrer dans les ordres, ses goûts et ses principes l'éloignèrent de la profession qu'on avait choisie pour lui. Ayant renoncé à son canonicat de Saint-Spire à Corbeil, il allait entrer dans les gendarmes de la Maison du Roi, lorsque les événements de 1789 éclatèrent. Bertin était jeune, ardent, tout imbu des idées propagées par la philosophie du xviiie siècle; il embrassa avec enthousiasme la cause de la Révolution.

L'insurrection du 20 juin, la révolution du

10 août, la chute du trône, l'emprisonnement du
roi, sa condamnation, les massacres de septembre,
le procès de la reine, la mort de Malesherbes, celle
de madame Roland, l'exécution des Girondins
déracinèrent les convictions de Bertin, convictions
peu profondes et vivement ébranlées déjà par les
spectacles de la rue, et le jetèrent dans la contre-
révolution. Le journal l'*Éclair* qu'il rédigeait fut
compris dans les proscriptions du 18 fructidor.

Ayant acquis le *Journal des Débats et Décrets,* en
quelques semaines il fit de cette feuille obscure un
véritable journal politique et littéraire qui attira
sur-le-champ l'attention du public par l'esprit, la
mesure et le talent avec lesquels il était pensé et
écrit.

LE JOURNAL.

Sous le titre modifié de *Journal des Débats et
Lois du Pouvoir législatif et des actes du gouvernement,* il parut en pluviôse an VIII, dans le format
in-4°, imprimé, au moins à partir du n° 5, *à l'imprimerie du Journal des Débats, rue des Prêtres-
Saint-Germain-l'Auxerrois.*

Deux tiers de siècle se sont écoulés depuis ce
jour. La vieille maison de la rue des Prêtres-Saint-
Germain-l'Auxerrois a vieilli, encore tandis que son

3.

hôte plein de séve et de jeunesse n'a cessé et ne cesse d'y rendre ses oracles, toujours religieusement écoutés. Nul n'ignore quelle influence il exerce dans la littérature contemporaine sur le monde des lettres et dans la politique sur les chancelleries.

Le 8 du même mois la feuille se transforme déjà, elle s'enrichit d'une partie nouvelle, qui conservera jusqu'à nous son titre célèbre : *Le feuilleton des Débats*. Il est fait deux éditions du journal, une édition in-4°, sans le feuilleton, et une édition in-folio, avec le feuilleton. Puis l'in-folio devient, peu après, le format unique et définitif. Les prix qui étaient de 13 fr. 50 c., 26 fr. et 50 fr., s'élèvent de 1 fr. 50 c. par trimestre pour les départements.

Le feuilleton quotidien n'est d'abord qu'une sorte de supplément où la critique et la littérature n'occupent que peu de place et presque exclusivement consacré au programme des spectacles, aux annonces, aux réclames, aux catalogues de librairie, aux articles de modes. L'annonce inaugure cette forme qu'elle a depuis portée jusqu'à l'extravagance, elle *tire l'œil*, si je puis me servir de cette énergique et triviale expression, par le bizarre assemblage des lettres capitales et l'originalité des titres. Restaurateurs, entrepreneurs de transports, parfumeurs, livres, demandes d'emploi, ventes d'immeubles, demandes et offres de locations,

énigmes, charades, logogriphes, épigrammes,
éphémérides politiques et littéraires plus substan-
tielles que celles qu'on publie de nos jours, con-
certs, comestibles, etc., se mêlent, se parfument,
et hurlent à l'envi dans ce pandémonium de la réclame qui ne tient pas moins des quatre pages du
feuilleton.

Dans le numéro du 15 pluviôse, l'annonce du
Séducteur est suivie pour la première fois de la critique de cet opéra, et depuis lors toutes les pièces
nouvelles qui se produisent sur la scène sont analy-
sées; le feuilleton rend compte également des ouvrages publiés.

Sous le titre *Variétés*, le journal contient chaque
jour une sorte d'article de fond aussi remarquable
par la forme que par les idées qu'elle exprime. C'est
d'un de ces articles célèbres que nous extrayons le
passage suivant du numéro du 12 thermidor.

« L'esprit et le ton du gouvernement actuel
contrastent singulièrement non-seulement avec les
manières et le langage de ses prédécesseurs, mais
avec l'insolence du ministère anglais et des journaux qui lui sont dévoués. On rougit pour le parlement britannique de voir quelques-uns de ses
membres les plus illustres descendre aux injures
grossières, et se déshonorer par des sarcasmes qui
n'ont pas même l'avantage d'en imposer aux plus
décidés ennemis du gouvernement français. Il est

aussi trop maladroit de refuser au Premier Consul tous les genres de mérite et de vertu, de le peindre comme un enfant de la fortune qui ne doit rien à son propre génie, de le traiter enfin comme un de ces révolutionnaires qui ne se sont élevés qu'à la faveur du désordre et du trouble. Ce n'est pas ainsi que Bonaparte parle des ennemis de la République : il sait leur rendre justice; souvent même il s'est chargé lui-même de proclamer les louanges qu'ils méritaient. »

Cette guerre d'injures entre la France et l'Angleterre, pour le dire en passant, fut très-probablement la cause qui sauva la presse française. Napoléon, plus d'une fois tenté de l'anéantir, considéra, sans doute, qu'il était indispensable de se défendre contre les attaques des journaux anglais, et d'en appeler au tribunal de l'opinion publique de ces ignobles diatribes que des Français même ne rougissaient point d'écrire de l'autre côté de la Manche, pour quelques guinées.

Le *Journal des Débats* gagnait chaque jour en importance et en crédit. Déjà ses succès lui avaient suscité des ennemis nombreux et acharnés. Bertin, soupçonné de conspiration royaliste, fut jeté au Temple. Il y resta pendant l'année 1800, mais sa captivité n'eut rien de rigoureux et lui permit de rédiger son journal du fond de sa prison.

Il sortit enfin du Temple. On aurait voulu, ne

pouvant le détenir éternellement, le frapper dans sa propriété, mais la suppression des *Débats* était devenue impossible à cause de l'éclat et du scandale qu'aurait provoqués un tel acte exercé aux dépens d'un journal si haut placé dans l'opinion publique. C'est alors que commence ce système de persécutions contre les propriétaires et le rédacteur en chef, persécutions qui devaient amener la spoliation et qui ne cessèrent qu'à la chute de l'Empire.

Bertin, après deux mois de liberté seulement, échangea la prison pour l'exil. Un ordre arbitraire le relégua à l'île d'Elbe. La mesure qui le frappait ayant été, non sans peine, adoucie sur ses instantes sollicitations et sur celles non moins pressantes de ses amis, il obtint la permission de séjourner d'abord à Florence, ensuite à Rome où il connut Chateaubriand, avec qui il se lia d'une amitié étroite. Ce n'est qu'en 1804 qu'il put rentrer en France, furtivement, avec un passeport de son ami. Il dut encore se cacher pendant quelques mois.

Le journal n'avait cessé de grandir. Ce succès constant qui promettait de n'en point rester là eût effacé dans l'âme de Bertin toute trace de ses angoisses passées, si l'hostilité manifeste de l'entourage du chef de l'Etat n'avait sans cesse suspendu sur son journal le décret de confiscation.

Grâce à l'habileté de son frère Bertin de Vaux,

l'orage amassé sur les *Débats* n'éclata que quelques
années plus tard.

Bertin de Vaux.

Bertin de Vaux, plus prudent que son frère,
l'agent avoué des princes, suivit constamment une
ligne de conduite moins périlleuse. Il afficha des
opinions moins tranchées. En 1801, il fondait une
maison de banque; en 1805, il acceptait une place
au tribunal de commerce. Il semblait que les deux
frères s'étaient ainsi partagé les rôles. L'un exprimait une opinion, l'autre représentait un intérèt de propriété. Bertin aîné, c'était la pensée
royaliste du journal; Bertin de Vaux, c'était le
pavillon neutre qui couvrait la marchandise.

Voici le portrait que M. Villemain a tracé de ces
deux frères :

« Les fondateurs du *Journal des Débats* étaient
« deux frères, de physionomie très-diverse, mais
« également remarquables, dont le caractère et
« l'influence méritent à plusieurs titres d'être notés
« dans l'histoire anecdotique et même politique de
« notre temps.

« L'un, M Louis Bertin, singulièrement doué pour
« le monde par la noblesse des traits et des manières,
« le naturel distingué de l'esprit, la passion et le

« sentiment délicat des arts, avait eu de bonne
« heure un rôle actif et courageux dans la polémi-
« que de renaissance sociale qui suivit la Terreur.
« Royaliste et libre penseur, homme d'honneur
« surtout et d'une parole hardie contre la bassesse
« et le crime, il avait été fort poursuivi sous le
« Directoire, et ensuite sous le Consulat, comme
« par tacite reconduction de police, emprisonné,
« renvoyé de Paris, mis en surveillance, relégué
« quelque temps à l'île d'Elbe, et enfin laissé libre
« de voyager hors de France.

« Son goût pour les arts l'avait conduit vers
« l'Italie, et c'était là que, rapproché de M. de Cha-
« teaubriand, à Florence, où il assistait avec lui
« aux funérailles d'Alfieri; à Rome, où il le con-
« solait près d'un autre cercueil, il se prit de la
« plus vive amitié et de la plus constante admira-
« tion pour ce brillant génie, dans tout l'éclat de
« son avénement littéraire.

« D'une instruction classique, d'un goût sévère
« et fin, avec une lecture très-variée, M. Bertin,
« comme admirateur et comme ami, fut très-
« utile à M. de Chateaubriand, non pas seulement
« par le zèle ingénieux de ses louanges publiques,
« mais par ses habiles conseils et la franchise in-
« térieure de son culte.

« A cet égard seul, il mériterait de tous les amis
« des lettres un souvenir, justifié par bien d'autres

« mérites, d'affabilité généreuse, d'attention amie,
« d'encouragement éclairé pour la jeunesse, et
« d'invariable fidélité au talent bien plus qu'au
« succès.

« Cet hommage d'estime, il y avait droit encore
« sous un point de vue plus haut, par sa constance
« dans les opinions saines et libérales, qui conser-
« vent quelque reste de dignité aux lettres sous le
« pouvoir absolu, et qui les rendent puissantes et
« tutélaires dans les Etats libres.

« Pénétré des maximes politiques de Montes-
« quieu, et connaissant à fond l'histoire du vivant
« modèle où ce grand homme les avait surtout
« puisées, dévoué à l'esprit de la monarchie légale,
« et l'ayant servi de ses sacrifices personnels
« comme de sa conviction et de ses idées, il fut
« quelquefois de sa plume, et toujours de sa
« judicieuse influence, un des plus importants
« publicistes qui contribuèrent à cet enseignement
« constitutionnel que la France parut écouter avec
« ardeur et profit pendant plus de trente ans, et
« dont elle éprouve aujourd'hui, sans doute, la
« privation plutôt que l'oubli.

« Les mêmes préférences politiques, avec plus
« de pénétration active et d'ascendant pratique,
« marquaient l'esprit de M. Bertin de Vaux,
« homme arrivé trop tard à la tribune pour en
« user avec pleine possession, mais supérieur dans

« les entretiens, par l'abondance des idées, la fer-
« meté du raisonnement et la justesse du sens,
« sous le coup même de la passion. Moins modeste
« que son frère, moins volontiers satisfait de la
« vie spéculative, tour à tour polémiste hardi,
« député considérable et pair de France paisible,
« mais presque toujours conseiller fort accrédité
« du pouvoir, M. Bertin de Vaux eut pendant bien
« des années, sur les ministères de son pays, quel-
« que chose de cette influence spirituelle et tem-
« porelle que Swift et d'autres lettrés célèbres
« avaient exercée même dans l'aristocratique
« Angleterre, tant l'intelligence prend un ascen-
« dant nécessaire là où la discussion est libre et
« l'opinion puissante (1). »

(1) M. Villemain *Souvenirs contemporains*, t. I, p. 448.

CHAPITRE II.

Beaucoup de bons esprits et de critiques excellents ont écrit : Partout où il s'agissait du mouvement des faits, le journal de Bertin suivait ; mais
il conduisait quand il s'agissait du mouvement des
idées. Cette phrase implique l'idée d'un regret. Il
semble qu'on veut dire que le journal de Bertin
aurait pu conduire lors même qu'il s'agissait du
mouvement des faits, si la main de fer du Premier

Consul ne l'avait rudement enchaîné derrière eux.
Le premier membre de cette phrase ne signifie
rien. Nul ne peut conduire le mouvement des
faits, pas plus un homme de quelque génie qu'il
soit doué, qu'un journal de quelque souffle puissant qu'il soit animé. Les faits sont l'œuvre collective d'une société, la résultante de ses forces vives
en puissance et en résistance. Ils sont le phénomène
et il ne se peut pas qu'il manque à se produire
quand toutes ses conditions sont réunies. Le fait
est un résultat mathématique, qu'il n'est au pouvoir de personne de fausser; il est absolu et brutal
comme un chiffre, sa naturelle expression. Dans
tous les temps, sous le despotisme d'un seul comme
sous le despotisme de tous, le fait échappe à la servitude, à la répression, il s'accomplit au milieu des
horreurs de la guerre civile, il flotte sur le sang des
martyrs, il jaillit des flammes des bûchers. Et qu'on
ne prétende pas à m'accuser. Ce n'est point l'apologie de tous les actes, l'amnistie de tous les crimes,
la légitimation de toutes les usurpations, comme
quelques esprits ombrageux le croient que la reconnaissance du fait. Bien loin de moi cette pensée. Je ne veux dire autre chose, sinon qu'en reconnaissant le fait, il est absolument indispensable
d'en étudier les conditions, afin d'en éviter le retour ou d'en infirmer les conséquences ; en d'autres
termes, le fait n'est fatal et ne se perpétue que

dans les temps d'impuissance intellectuelle. Etudier le fait, c'est naturellement se mettre à la tête du mouvement des idées ; c'est-à-dire au seul endroit qui convienne à la littérature.

Voilà pourquoi cette phrase, qui a la prétention de louer Bertin, n'atteint point son but. Le *Journal des Débats* conduisait le mouvement des idées, c'est là sa gloire suprême, c'est ce qui le mettait au-dessus de tous ses contemporains. C'est pour cela que Bertin mérite encore mieux les hommages de la postérité, que par les persécutions dont il fut victime ; et c'est là, pour le dire en un mot, tout le secret de la fortune des *Débats*. Bertin, dans le milieu où il se trouva, ne pouvait être autre chose que ce qu'il fut.

De même qu'il n'y avait qu'un seul homme qui eût le droit d'écrire le *premier-Paris*, et ce fut Napoléon ou le fait dont il fut l'expression, de même il n'y eut qu'un seul journal qui eut le droit de préciser les idées fruits de ce fait, et c'était le *Journal des Débats*, ou la restauration morale et littéraire de la société, restauration dont il était l'expression.

Un fait accompli se dédouble sans transition. Ceux-là seuls qui l'ont étudié avec attention et prudence en tirent toutes les conséquences favorables qu'il porte avec lui. Mais combien d'hommes sont assez dégagés des intérêts du moment, des passions de leur époque, des influences de leur éducation première pour juger froidement les choses qui s'accomplissent sous leurs yeux. Il n'en est pas. C'est pourquoi le *Journal des Débats* lui-même ne tira point, pour l'avenir de son pays, tous les profits qu'il eût pu tirer des événements, si, dégagé de tout esprit de parti, il avait considéré et pesé l'héritage de la Révolution en véritable philosophe et non en professeur de philoscphie.

Hélas ! ce ne fut point le temps des philosophes que le temps du Consulat et de l'Empire, et peut-être jamais à aucune autre époque, il n'y eut, dans tous les partis, d'hommes qui se soient parés de ce nom plus volontiers et avec plus d'ostentation.

Mais étudiez Bertin scrupuleusement, étudiez ce qui l'entoure, les événements qui s'accomplissent sous ses yeux, les hommes avec qui il se lie et qu'il appelle à la rédaction de son journal. Voyez cet homme chez M. de Choiseul, voyez cet homme perdu dans la Révolution, opprimé par le pouvoir, voyez-le entre les Geoffroy, les Dussault, les de Feletz, les Malte-Brun ; subissant l'influence d'un abbé de Boulogne, d'un Bonald, d'un Royer-Collard, et par-dessus tout d'un Chateaubriand. Avec cette disposition à l'assimilation qu'on lui connaît et la rectitude mathématique, l'esprit d'ordre qu'il a acquis dans sa jeunesse, il sera tous ces hommes à la fois, et l'administrateur habile qui fera tourner du fond de l'exil, au profit de l'institution qu'il fonde, et leurs passions et leurs talents.

La société tout entière, lasse de la Révolution, fut complice de Napoléon et rendit de fer la main tremblante qui fit le 18 brumaire. Le *Journal des Débats*, pendant que l'absolu gravitait au trône, en se plaçant à la tête du mouvement religieux, entreprenait de mettre les idées en accord avec les faits accomplis par le Consul, au profit de la reconstruction politique et sociale de la France, c'est-à-dire au profit de la maison de Bourbon, car, pour beaucoup de gens à cette époque, le retour de la famille royale semblait seul pouvoir mettre fin à l'anarchie. On prêtait, comme nous le verrons bientôt, à Bonaparte l'idée de ce retour. Nul n'avait pu sonder encore l'étonnante profondeur de son génie et son ambition naissante. Cette activité dévorante qui frappait de surprise et excitait l'admiration et l'enthousiaste dévouement, était mise gratuitement au service des secrètes espérances de chacun.

Il y a encore trop de gens qui s'imaginent qu'à ce moment toute trace de culte avait disparu et que chacun professait *in petto* la religion de son bon plaisir ou de ses préjugés : il n'en était rien. Le jour où fut signé le concordat, de triste mémoire, le Gouvernement français ne rétablit point la religion chrétienne tout d'une pièce, comme on le croit généralement, mais reconstitua le catholicisme qu'il faut enfin cesser de confondre avec le christianisme.

Il est donc inexact de dire que le christianisme avait cessé d'être visible dans la société, et « qu'une voix amie, conseillant au *Journal des Débats* de se faire l'organe d'une réaction chrétienne, et de réagir également contre le philosophisme, fut heureusement écoutée. » Le christianisme et le philosophisme vivaient côte à côte dans un accord parfait et sans prendre ombrage des innombrables sectes exprimant d'innombrables systèmes, qui s'agitaient autour d'eux.

Mais les historiens n'ont jamais été embarrassés par les mots. Quand ceux-ci n'ont pu cadrer avec leurs vues particulières, ils n'ont pas hésité à leur donner le sens qu'ils voulaient qu'on y vît.

Et l'abbé Mutin, donnant aux propriétaires du *Journal des Débats* le conseil de se faire les organes d'une réaction chrétienne, couvrait de ce nom auguste les espérances catholiques qui relevaient la tête. Comment expliquerait-on autrement ces colères qu'on allait soulever dans le monde des philosophes, « si puissant et si terrible, et fier encore de sa récente victoire sur la religion qu'après tant de combats il avait enfin écrasée (1)? »

Il importe de donner un nom à chaque chose et

____

(1) *Hist. litt. et pol. du* J. des Débats, Ire partie, p. 83.

d'appeler chaque chose par son nom. On évitera ainsi les équivoques, la confusion et l'obscurité utiles seulement à donner une apparente légitimité aux préjugés et aux opinions des particuliers.

L'abbé Mutin espérait le retour des Bourbons : dans sa bonne foi, il les croyait inséparables de la fille aînée de l'Eglise ; c'est pourquoi il s'efforçait de persuader au *Journal des Débats* qu'il devait prendre en main la religion et la restituer sur nos autels dans son antique leçon.

Les *Débats* crurent à cette reconstitution et y travaillèrent de tout leur pouvoir. Ont-ils réussi ? c'est ce qu'il serait difficile de dire parce que, invinciblement entraînés par le courant, ils ont tenté vainement de se débattre, ils poussent çà et là quelques cris de révolte, mais, finalement, ils y cèdent, et c'est là leur plus beau titre de gloire ; ils en prennent la tête et le guident.

Le succès, je l'ai dit plus haut, ne tarda pas à récompenser leurs efforts, succès mérité à tous les titres et dû particulièrement au talent des rédacteurs.

Il ne serait peut-être pas hors de propos d'intercaler ici, sans autre commentaire, une pièce trouvée dans les papiers d'un homme qui ne se piquait point de complaisance pour le *Journal des Débats*, Rœderer. Cette pièce est un projet d'article. M. le baron

Rœderer l'a publiée dans les œuvres de son père.
La voici :

« Le *Journal des Débats* a commencé avec trois
« mille abonnés payés par l'Angleterre (le minis-
« tre de la police Fouché m'a dit cela dix fois);
« il ne les a pas perdus : donc il travaille toujours
« sur son premier plan.

« Il les a augmentés de sept mille abonnés :
« donc il est l'homme à qui se raccordent des gens
« de même parti.

« Il ne faut pas croire que ce soit par les arti-
« cles de M. Geoffroy qu'il profite : hors Paris, les
« articles de spectacle sont très-fastidieux.

« Voici à quelles gens s'adresse le *Journal des*
« *Débats.*

« Dépouillement des adresses à la poste par état
« et par condition : je parie que toute la partie
« suspecte de la France y est abonnée.

« Le zèle pour la religion entre dans cette préfé-
« rence; mais aussi le zèle pour les Bourbons,
« dont les prêtres se voient l'appui, si Bonaparte
« mourait.

« Je n'ai pas trouvé beaucoup d'articles à re-
« prendre; mais j'y ai trouvé l'éloge de beaucoup
« d'ouvrages qui ne sont pas faits dans l'intérêt
« du gouvernement : on y loue le livre de M. Fer-
« rand, celui de M. Proyart, celui de M. Delille.

« Le *Journal des Débats* disait dernièrement que

4

« le *Journal de Paris* était envieux de sou succès;
« certainement, messieurs, ce serait être jaloux de
« l'infamie même.

« Savez-vous comment une feuille publique se
« fait dix mille abonnés, quand elle n'a pas un
« privilége exclusif, comme l'avait avant la Révo-
« lution le *Journal de Paris?* Le voici :

« D'abord on réunit avec un peu d'argent quel-
« ques mauvais journaux du même esprit que celui
« qu'on veut faire; par exemple, on commence
« par rassembler les débris de la *Quotidienne* et du
« *Mémorial*, journaux bourb.....eux (dont je vous
« dirai quelques jours l'histoire), à dater d'une
« certaine lettre que M. Garat (le sénateur) écrivit,
« dans la *Clef du cabinet*, à M. de La Harpe, auteur
« du *Mémorial*. Ceci vous donne 2,000 abonnés,
« ci 2,000

« Ensuite, au moyen de quelque crédit chez nos
« bons amis les Anglais, on trouve à faire en livres
« sterling le fonds de 3,000 abonnements au nou-
« veau journal, et l'on distribue pendant un an la
« feuille gratis à 3,000 lecteurs, qui s'abonnent
« ensuite par reconnaissance, ci. . . 3,000

« Le journal ainsi fondé, on fait choix des au-
« teurs.....

« Les auteurs choisis, on cherche un rédacteur,
« et l'on fait avec lui ce marché : «Mon ami, nous
« sommes des politiques profonds, qui avons de

« vues élevées et voulons servir de grands inté-
« rêts. Tu ne connais rien à tout cela ; mais tu es
« un bon gros rhéteur, bien pédant, bien rustre,
« bien grossier, un de ces braves gens à qui les
« gueulées ne coûtent rien ; tu es parfois jovial, et
« même trivial, quand le vin te monte au cerveau.
« Nous te prenons pour *la littérature*, et tu pren-
« dras le titre de rédacteur de la feuille. Tu t'éta-
« bliras sur le devant de notre boutique, et l'on
« t'arrangera pour cet effet une petite estrade
« bien commode, avec un petit fauteuil couvert en
« panne à la mode. Quand tu seras assis là, tu
« n'auras autre chose à faire que de crier : *A bas*
« *le* XIX*e siècle! A bas les philosophes! Vive le siè-*
« *cle de Louis XIV! Vivent les capucins et les*
« *dragonnades!* et de dire des injures à tous les
« passants. Plusieurs passeront sans rien dire ,
« plusieurs se retourneront. L'un t'appellera *sot*,
« l'autre t'appellera *vil drôle*, un troisième te don-
« nera des nasardes. La foule te regardera et rira,
« et du diras : *Entrez, messieurs, entrez là-dedans ;*
« *vous en verrez bien d'autres (moyennant* 54 *francs*
« *par année).* Voilà à quoi se bornera ton service.
« Tu seras bien payé, de plus voituré, et le vin
« vieux ne te manquera pas. Le baladin accepte,
« et le baladin fait arriver au bout de l'année,
« par sa seule industrie, 1,500 abonnés, ci. 1,500
    « Le journal ainsi constitué, les auteurs con-

« viennent de deux choses : la première, de se
« donner l'air d'être les confidents et les organes
« du gouvernement; de paraître initiés dans ses
« desseins pour l'avenir; de distribuer à tous les
« craintes et les espérances suivant l'acquiescement
« ou la résistance de chacun aux idées proclamées
« par le journal; de se montrer en ministres des
« volontés secrètes du gouvernement et en direc-
« teurs avoués de l'esprit public. Cela peut donner
« 1,500 dupes, ci.   1,500

 « La seconde est toujours de dire du mal de la
« Révolution, parce que la Révolution ayant plus
« ou moins blessé tous les intérêts, même ceux des
« hommes qui l'ont faite, on est sûr de plaire à la
« passion la plus générale, en disant chaque matin
« à tous les amis de la Révolution ce que chacun
« voudrait pouvoir dire à son voisin. Bien entendu
« qu'en disant du mal des *maux* de la Révolution,
« on insinuera, même à ceux à qui elle a fait plus
« de bien que de mal, de la haine ou du mépris
« pour ses principes. Cela rendra, tant en *humo-*
« *ristes* que mécontents et contre-révolutionnai-
« res, 2,000 abonnés, ci   2,000
 « Total : 10,000 abonnés.

 « C'est ainsi, messieurs, qu'on se procure
« 10,000 abonnés dans un pays et dans un temps
« où il y a soixante journaux publiés tous les
« matins.

« Dix mille abonnés ne peuvent s'obtenir que d'un
« scandale permanent qui attire tous les regards,
« et du trafic journalier de l'intérêt public, soit
« avec l'étranger, soit avec les passions aveugles
« qu'une révolution récente laisse encore allumées
« dans toutes les âmes. Les propriétaires du *Jour-*
« *nal de Paris* risqueraient, ce me semble, beau-
« coup à courir après un tel succès, et, quand ils
« auraient le malheur de compter pour rien la
« considération, ce qui ne peut pas être, et de ne
« consulter que leur intérêt, ils en auraient hor-
« reur. »

CHAPITRE III.

Avec cette habileté consommée et ce tact que nous lui connaissons, Bertin avait compris qu'un journal n'était possible qu'à la condition de pouvoir parler librement. Aussi, par un artifice singulier, aussi capable de tromper les plus clairvoyants qu'un diplomate qui dirait la vérité, il restitua à la littérature et au théâtre leurs attributs naturels. Il les fit parler et dire quelque chose. Que ne produisit pas ce langage nouveau, clair, incisif, gros d'idées, écrit avec mesure, solidement pensé et parlé avec esprit.

Il appela à lui toutes les capacités. Parmi et avant tous ces hommes de talent dont s'enorgueillit le *Journal des Débats*, nous devons parler de Geoffroy, le critique célèbre un peu oublié aujourd'hui, le roi du feuilleton, le tyran des théâtres sous l'Empire. En effet, c'est dans le feuilleton que les *Débats* ont acquis les germes de cette influence décisive qu'ils exercèrent depuis lors dans le domaine de l'intelligence.

Geoffroy.

Geoffroy se trouva admirablement organisé pour faire un excellent journaliste. Une vaste érudition jointe aux fruits de sa propre expérience, ses fortes études de l'antiquité et des grands modèles de la littérature française, et ses études non moins fortes de l'homme au milieu des convulsions révolutionnaires, en faisaient à la fois un homme de souvenir et d'à-propos.

Il avait succédé à Fréron, dans la rédaction de l'*Année littéraire* et continué la lutte de cet homme, honoré de la haine de Voltaire, contre le philosophisme et la littérature encyclopédique. Son antipathie pour les principes qui résumaient le xviiie siècle était profonde, raisonnée et sincère.

En même temps qu'il travaillait à disperser et à

anéantir la *queue* de l'encyclopédie, il exerçait les honorables fonctions du professorat. Régent de rhétorique, il avait approfondi le génie des deux civilisations grecque et latine : son enseignement remarquable l'aurait seul mis en relief, si le retentissement de ses luttes littéraires n'en avait assourdi l'éclat.

Pendant cette période universitaire de sa vie, Geoffroy compta parmi ses élèves Joseph Chénier, et lorsqu'il rencontra plus tard l'écrivain qu'il avait vu sur les bancs, la plume du critique se souvint de la férule du maître; et peut-être l'amour-propre de l'homme fut plus sensible que la main de l'enfant. Il s'engagea entre ces deux hommes une querelle où ils se portèrent à d'incroyables injures.

Pendant les deux premières années de la Révolution, Geoffroy coopéra à la rédaction de l'*Ami du Roi*. Courageux anachronisme à la veille de 1793. Après le 21 janvier, il quitta Paris, se réfugia dans un village des environs et, tout à la fois pour assurer son incognito et pour gagner sa vie, il se fit maître d'école. Le régent de rhétorique, qui avait eu Chénier dans sa classe, montrait à lire à des petits enfants.

Revenu à Paris après le 18 brumaire, il accepta un emploi chez un maître de pension, M. Hix. C'est là que Bertin vint le chercher et lui remit la

férule du feuilleton des théâtres, férule dont le
célèbre critique devait faire un sceptre.

Dans sa retraite forcée, cet esprit accoutumé à
l'étude, condamné à un rigoureux silence, avait
profondément réfléchi et médité sur les événements
extraordinaires qui rugissaient autour de sa pauvre et paisible école; aussi le journaliste retrouva-
t-il ce trésor de pensées accumulées par le proscrit
dans ses heures de solitude et de recueillement.
Cette tribune qu'on lui offrait après le long silence
où l'avait réduit la fortune, retentit de tous les
éclats de sa voix si longtemps muette. Ce fut comme
une écluse rompue tout à coup. La littérature ancienne, moderne, l'histoire, la philosophie, la morale, la politique, se heurtèrent à la paroi sonore
du feuilleton et éveillèrent par leur retentissement
l'attention publique lasse de prodiges.

Ce qu'il y a de singulier, c'est que cet homme ne
modifia en aucune façon ses idées sur Voltaire; tel
il l'avait quitté, tel il le retrouva; tel il l'avait
attaqué, tel il l'attaqua; et, ce qu'il y a de plus
singulier encore, c'est que la nation, Paris même,
le grand pontife du dieu Voltaire, applaudit à l'ennemi vivant de Voltaire mort.

Cette guerre que Geoffroy fit à Voltaire et à son
école fut sans trève ni merci. Il traîna et traduisit
à son tribunal tout ce qui touchait de près ou de
loin au philosophisme et à l'esprit révolutionnaire.

Mais elle n'ébranla pas le robuste colosse : chaque coup du bélier de la critique porté au piédestal de ce gigantesque symbole l'assura davantage sur sa base ; et, aujourd'hui que mille Geoffroy l'ont tiraillé en tous sens, Voltaire, plus jeune et plus vigoureux que jamais, souffle sur les générations nouvelles sa phrase acérée et ses idées fécondes.

Le monde a marché, et cependant cet homme a résumé si complétement son siècle, qu'il est à l'état initial, pour ainsi dire, dans toutes les conceptions contemporaines.

La France se passionna pour ce journal qui parlait plus souvent de prose et de vers que de gouvernement et de batailles, plus souvent de Racine et de Boileau que de Napoléon et de l'empereur d'Autriche.

De deux jours l'un, Geoffroy descendait dans cette lice armé en guerre contre toutes les réputations usurpées, et le public jugeait les coups et applaudissait quand quelque victime restait sur le carreau.

Mais, il faut bien le dire, beaucoup ont été dépecés, tués et enterrés dans ce feuilleton homicide qui ne s'en portent ni mieux ni plus mal.

Nous pouvons aujourd'hui juger froidement et sincèrement. Geoffroy, tout en ayant mérité le respect et la considération de la postérité, doit rabattre beaucoup de cette illustration superbe

que lui décernèrent généreusement ses contemporains. Somme toute, c'était un homme très-remarquable.

Voici, je crois, un de ses meilleurs morceaux ; il
est du 30 prairial an VIII, et il s'agit du *Misanthrope*. On le croirait écrit d'hier, et pour nous,
c'est à ce titre que je le cite.

« Quand je vois cet ancien chef-d'œuvre, cette
« première comédie du monde, apparaître quel-
« quefois sur notre théâtre moderne, au milieu de
« nos jolis petits drames nouveaux et de nos ro-
« mans musqués, il me semble voir le duc de
« Sully, retiré depuis longtemps dans ses terres,
« arriver tout à coup de la campagne, et entrer
« dans la salle du Conseil, au milieu des petits-
« maîtres et des agréables de la cour de Louis XIII ;
« à l'aspect de cette physionomie noble et vénéra-
« ble, ces jeunes fous ne sont frappés que du ridi-
« cule de son costume antique ; ils oublient ses
« vertus, ses exploits, ses services pour s'occuper
« de son habit et de sa fraise qui n'est pas à la
« mode ; le plus grand homme de l'Europe leur
« sert de jouet, parce que sa parure n'est pas d'un
« bon ton et dans le goût du jour ; au lieu d'écouter
« et d'admirer, ils ne savent que rire : c'est le
« *vieillard et les jeunes gens*. Sully, sans daigner
« faire attention à cette grossière indécence, qui
« lui fait pitié, s'avance vers le roi, et lui dit gra-

« vement : *Sire, lorsque le feu roi, votre père, me*
« *faisait l'honneur de m'appeler à ses conseils, nous*
« *ne parlions point d'affaire qu'on n'eût au préalable*
« *renvoyé les baladins et les bouffons de cour.* Ce
« *préalable* rendit les jeunes courtisans un peu plus
« sérieux, et ces étourdis reconnurent leur maître,
« même dans l'art de lancer un trait satirique.

« Quelques détails d'une antique simplicité,
« quelques expressions surannées, l'austérité de la
« composition, voilà la fraise du duc de Sully, qui
« fait rire nos jeunes auteurs à la mode; mais la
« chaleur et la vérité du dialogue, la profondeur
« des idées, la vigueur et la fierté du coloris, cette
« éloquence vraie, naturelle et rapide, cet esprit
« fondu dans le bon sens, ces beautés fortes et
« mâles qui étonnent toujours les connaisseurs, ne
« font presqu'aucune impression sur le petit peu-
« ple des spectateurs, et même de soi-disant gens
« de lettres; ils n'admirent point le *Misanthrope* par
« sentiment, mais par respect humain ; ils le re-
« gardent comme un tableau du temps du roi
« Dagobert, ou comme une vieille tapisserie. »

Il faut tout dire quand on écrit l'histoire. Se
mettre en extase devant une statue n'est point la
décrire. Il convient de procéder froidement et
donner aux beautés le relief qui leur convient et
aux ombres la profondeur qui leur appartient.

Geoffroy n'était point toujours juste, et ses

louanges furent plus d'une fois suspectes de vénalité. Son adulation pour l'Empereur n'était rien
moins que sincère. Que ce soit dans l'intérêt du
journal, que ce soit pour abriter ses critiques
amères derrière le panégyrique du prince, pour
une raison ou pour une autre, il n'en est pas moins
vrai qu'il rampait devant le maître, bassement.
Tout le monde connaît cette épigramme à deux
tranchants, dont l'énergie seule excuse le cynisme.

Si l'Empereur faisait un pet,
Geoffroy dirait qu'il sent la rose,
Et le Sénat ASPIRERAIT
A l'honneur de prouver la chose.

Geoffroy fut en butte aux traits de mille épigrammes; néanmoins, son feuilleton, de plus en
plus goûté, contribua pour une très-large part à
la fortune du *Journal des Débats*. Le mot brutal ne
l'effraie pas. « C'est, dit-il, énerver la critique littéraire, que d'aller chercher des circonlocutions
pour exprimer les défauts qu'on peut très-claire-
ment spécifier d'un seul mot : appliqué à la personne, ce mot serait une injure ; appliqué à l'ouvrage, c'est le mot propre. »

Mais, il lâche le mot et oublie de distinguer entre
la personne et l'ouvrage.

« Quelques-unes de mes expressions, dit-il en-

core, leur paraissent ignobles et triviales; je vou-
drais pouvoir trouver des notes encore plus capables de peindre la bassesse de certaines choses,
dont je suis obligé de parler. Mes phrases ne sont
pas le résultat d'un calcul, d'une froide combinai-
son d'esprit; elles suivent le mouvement de mon
âme; c'est le sentiment que j'éprouve qui me donne
le ton; j'écris comme je suis affecté, et voilà pourquoi on me lit. »

Au moins, si un homme qui sent et pense ainsi
ne frappe pas toujours juste, il frappe toujours
fort; et quand il frappe juste, on conçoit qu'il en-
lève le morceau. Geoffroy manquait absolument de
distinction. Dans les derniers temps, il baissait sensiblement; son escabeau, entamé de toutes parts,
allait crouler sous lui, lorsqu'il mourut, en 1814.

Un de ses confrères, M. de Feletz, disait :
« Geoffroy a trois manières de faire un article: *dire*,
redire et *se contredire*. »

Il se trouve que c'est le juste jugement qu'on
peut porter sur l'œuvre du célèbre critique.

Dussault.

Dussault avait été le collaborateur de Fréron le
fils à l'*Orateur du peuple*. Singulier début pour un
journaliste qui devait un jour collaborer aux *Dé-*

bats! Bon humaniste, « il n'avait pas un grand nombre d'idées, dit M. Sainte-Beuve, mais il les exprimait avec soin. Ses articles, recueillis sous le titre d'*Annales littéraires*, se laissent encore parcourir agréablement ou du moins avec estime. Toutefois, son élégance étudiée, compassée, est un peu commune; son jugement ne ressort pas nettement. Il se livre souvent à des réflexions vagues, banales, un peu à côté de son sujet; il ne va pas au fait ni au fond; il n'ose pas tracer avec vigueur les démarcations et les étages entre les talents. M. Joubert a très-bien dit de lui et de son style, qui affecte le nombre oratoire : « Le style de Dussault est un agréable ramage, où l'on ne peut démêler aucun air déterminé. »

Dussault ne péchait pas non plus par excès d'exactitude. En somme, il est bien au-dessous de son confrère Geoffroy, à qui il survécut dix ans.

De Feletz.

C'est en 1801 que M. de Feletz vint prêter son concours au *Journal des Débats*. Son esprit, nourri de toutes les idées religieuses, appartenait, par son style élégant et pur, au xviie siècle, dont il professait les doctrines littéraires. La nature de son talent jeta sur la rédaction habituelle des *Débats* une variété qui est partout nécessaire, et surtout dans les journaux.

Malicieux sans être méchant, critiquant sans amertume, attaquant sans animosité, blâmant sans emportement, tout se passait dans ses articles comme dans un salon. Royaliste de naissance, il resta fidèle toute sa vie à son premier culte.

« Sa politesse extrême, dit M. Sainte-Beuve, n'empêchait pas la raillerie, quand elle avait à sortir, de se glisser dans ses articles, je ne sais comment, dans le tour, dans la réticence ; il savait faire entendre ce qu'il ne disait pas ; le grain de sel venait à la fin, dans une citation, dans une anecdote. Mais au plus vif du jeu, il observa toujours les convenances. M. de Feletz, à son heure, était, à proprement parler, le critique de la bonne société. »

Un autre maître dans l'art de peindre, M. Villemain, écrit sur l'homme distingué qui nous occupe :

« M. de Feletz a été un des hommes les meilleurs, les plus aimables, et, à tout prendre, les plus heureux des époques bien diverses qu'il a traversées. Sa longue vie, trop courte pour ceux qui l'ont connu, a été mêlée, sans ambition, sans vanité, sans autre intérêt que la conscience et l'affection, à de pénibles épreuves fortement supportées et à des devoirs délicats noblement remplis. Cette

conduite d'homme d'honneur, bien plus que de
bel esprit, lui a valu ce qui a toujours été rare et
l'est encore de nos jours, autant de considération
que de célébrité. C'est par là que sa physionomie
nous plairait à peindre, à part même tout souvenir de reconnaissance et d'amitié privée. Elle est
un type attachant de cette honorable vie des lettres, indépendante et simple, qu'on est heureux de
reprendre et plus heureux de ne quitter jamais,
quand on a osé une fois la choisir...

« Après quelque temps d'une vie obscure, et
même un peu oisive, M. de Feletz fut conduit à
Paris, où, dans la renaissance du commerce du
monde, il devait trouver tant de faveur et jouir
d'un succès qui, pendant bien des années, ne s'est
pas démenti, et s'adressait à la personne moins
qu'aux écrits.

« Cette célébrité fut liée sans doute à celle d'un
journal dont l'influence tenait elle-même à l'état
extraordinaire de la société, et ne peut pas plus
aujourd'hui se concevoir que se reproduire, fût-ce
à toute condition de talents égaux, ou même supérieurs. Quoi qu'il en soit, le tour particulier de
caractère et d'esprit de M. de Feletz servit beaucoup à cette influence, et par les qualités les plus
honorables. Avec autant de verve spirituelle que le
feuilletoniste Geoffroy, il tirait sa gaieté d'un autre
fonds, et la rendait bien autrement digne du rire et

de l'approbation des honnêtes gens. Sans cesse des
vérités hardies, des éloges courageux, des sentiments vraiment libéraux, parce qu'ils étaient nobles, se mêlaient à son agréable polémique ; et par
une exception alors assez rare, cette liberté de sa
part n'était rachetée par rien. Il ne donnait pas
une flatterie pour correctif à une vérité ou à un
touchant hommage. Pendant dix ans il écrivit avec
succès sous l'Empire sans jamais abandonner une
conviction ni une amitié, et sans louer jamais
l'Empereur (1). »

M. de Feletz mourut en 1850.

Hoffmann.

Hoffmann n'entra que plus tard au *Journal des
Débats*, sous le consulat d'Etienne, mais il est si
intimement uni aux rédacteurs dont nous venons
de tracer un rapide crayon, que ce serait en rompre le brillant faisceau, sans profit pour personne,
que de suivre à son égard l'ordre chronologique.

Hoffmann avait sur Geoffroy l'avantage d'une
exquise politesse, et la supériorité d'un savant,
homme du monde, sur un savant, régent de classe.

(1) Villemain, *Souvenirs contemporains d'hist. et de litt.*,
t. I. *De M. de Feletz et de quelques salons de son temps.*

C'était Geoffroy tempéré par M. de Feletz. Avec
moins de douceur que le second, il avait moins de
violence que le premier. Il frappait plus rudement
que M. de Felctz, mais sa main était gantée, tandis que celle de Geoffroy était nue.

Ce fut une précieuse acquisition pour le *Journal
des Débats*. Les *Lettres champenoises*, qu'il y publia, firent une vive impression dans le monde littéraire. La science, la finesse, la gravité, la malice,
l'érudition, la gaieté, la raison, le bon sens, aigui-
sés d'épigrammes, s'unissaient à merveille, et, par
leur harmonie, exerçaient leur attrait sur toutes
les classes de lecteurs.

 Anatomiste distingué autant que profond philosophe, physiologiste et physicien de premier
ordre, il joignait à l'érudition d'un Saumaise la
grâce d'une Sévigné. Son esprit s'ouvrait à toutes
les connaissances et son style se pliait à tous les
sujets; son caractère seul était inflexible : on sait
l'histoire de son opéra d'*Adrien*.

Médecin, géographe, philosophe, antiquaire, il
est encore poète, littérateur et artiste. Il a laissé à
l'Opéra : *Phèdre*, *Nephté*, *Adrien*, la *Mort d'Abel;*
à l'Opéra-Comique, *Euphrosine et Conradin* et les
Rendez-vous bourgeois; aux Français, l'*Original*,
et ce bijou, le *Roman d'une heure.*

Né à Nancy, cet homme, d'une érudition presque universelle, puisa dans les salons de la mar-

quise de Boufflers ce langage exquis qu'il apporta
dans ses œuvres. Il vint à Paris en 1785. Exact,
sincère et scrupuleux, Hoffmann fut le modèle
parfait du critique. Sa vie fut celle d'un sage. « Il
vieillissait dans sa retraite de Passy, dit M. Sainte-
Beuve, solitaire, au milieu de ses livres, ne cau-
sant guère avec les vivants que la plume en main ;
critique intègre, instruit, digne d'estime, même
quand il s'est trompé. »

Hoffmann est mort en 1828.

CHAPITRE IV.

Avant d'entrer dans la crise funeste que traversa
le *Journal des Débats,* et qui se termina par la confiscation du journal au profit de l'Etat, il convient
d'indiquer la situation unique où il se trouvait.

M. Villemain, avec cette clarté et cet art qu'on
lui connaît, en signale ainsi les causes :

« Malgré la facilité de la France à tout supporter
par moments, et quoiqu'on y ait plutôt des en-

gouements que des principes, la liberté de la presse
y semble à peu près immortelle; et la preuve, c'est
qu'elle y exista toujours, en quelque sorte, malgré
la plainte de La Bruyère, *qu'un homme né chrétien
et français est embarrassé pour écrire, les grands sujets lui étant interdits.* Dans la réalité, depuis les
chansons narquoises du xiii⁰ siècle et les ballades
de Villon, jusqu'aux satires jansénistes du xvii⁰
siècle et aux pamphlets sceptiques et licencieux du
xviii⁰ siècle, la liberté d'écrire, devenue la liberté
de la presse, ne manqua jamais tout à fait en
France. Réfugiée dans les mœurs quand les lois ne
l'abritaient pas, elle brava les parlements, et quelquefois s'en étaya. Elle fleurit par moments à côté
des *censeurs royaux,* ayant Voltaire pour insur-
montable organe, et çà et là Malesherbes pour
complice. Il n'y a guère jusqu'à nos jours que la
Terreur et l'Empire, l'Échafaud et la Conquête,
qui l'aient complétement écrasée durant quelques
années. La royauté la rétablit, la constitua, et cette
royauté, tout en changeant elle-même d'origine et
de principe d'action, subit ou respecta la liberté de
la presse, et finalement la conserva identique pendant trente-deux années de suite, ce qui semblait
former un droit, une habitude et une durée de
pouvoir plus longue qu'il n'appartient à personne
en France depuis bientôt un siècle.

« On était loin de là sous l'Empire; et cependant

comme la presse asservie gardait encore la forme
la plus active qu'emploie sa liberté, le *journal;*
comme la dictature, pour son compte personnel,
usait et abusait de cette forme, et en augmentait
ainsi l'importance, il s'y attachait, sous le joug
même du despotisme et de la gloire, une signification très-étendue et historiquement très-curieuse.
Mais comment, de nos jours, et dans l'organisation
si précaire de cette liberté, bien apprécier le caractère à la fois plus opprimé et plus puissant de la
presse sous l'Empire, en face d'une autorité irré-
sistible, mais qui croyait avoir besoin des suffrages
éclairés et voulait conquérir l'admiration comme
le trône ? Comment bien juger l'influence que dut
exercer alors un journal qui semblait presque seul
défendre les traditions de l'ancienne société et le
droit de discussion de la société présente, prolonger
une sorte d'opposition politique par la critique
littéraire, et servir la cause de la justice et du malheur en plaidant celle de la raison et du goût ?
Cette occasion, cet ascendant, ne se reverront jamais. »

M. de Feletz a exposé, en des termes on ne peut
plus justes, la nouveauté de cette situation :

« J'oserai dire qu'à aucune époque de notre littérature cette partie de l'art d'écrire qui consiste à
rappeler les règles du goût, à en invoquer l'application, à en observer les infractions et à s'en plain-

dre, à réprimer autant qu'il lui est possible le désordre des idées et les irrégularités du style, et qui, s'élevant même à de plus hautes considérations et saisissant le lien qui unit souvent les vérités littéraires aux vérités morales et à toutes les idées d'ordre, de raison et de convenance, agrandit sa sphère, donne à ses observations et plus d'étendue et plus d'importance, n'a jamais exercé une plus heureuse influence et un plus utile empire qu'au commencement du siècle que nous parcourons. A cette époque, toutes les fausses doctrines en philosophie, en morale, en politique, en littérature, longtemps proclamées, régnaient audacieusement sur les esprits ignorants ou subjugués. Le vrai, seul dans tous les genres, n'avait plus ou presque plus d'interprètes ni de défenseurs, et la vérité eut alors un attrait qu'elle n'a pas toujours, celui de la nouveauté. Ce fut un grand avantage pour la critique, et elle en profita. Parlant à une génération nouvelle qui, pendant la tourmente révolutionnaire, n'avait rien appris ou avait tout oublié, elle put tout lui dire, chargée pour ainsi dire de lui tout apprendre; tantôt répéter, tantôt réfuter ce qui avait été dit, juger ce qui avait été jugé, rétablir toutes les doctrines, revenir sur tous les anciens écrivains et sur toutes les littératures, et mêler à ces questions pleines d'intérêt des discussions plus graves encore. C'est ainsi qu'elle devint, plus

que dans tous les autres temps, un cours de principes littéraires, philosophiques, moraux et religieux, appliqué à une foule d'écrits anciens, modernes, contemporains, français et étrangers. C'est
une chose incontestable qu'à cette époque véritablement neuve et peut-être unique dans les annales
de la critique, elle excita une attention que jusque-
là elle n'avait point obtenue, du moins au même
degré. Fatigués des mauvaises doctrines, éclairés
par leurs tristes résultats, les esprits accueillirent
avec intérêt celles qui les ramenaient aux lois im-
muables de l'ordre et du goût. Accablés par le
despotisme, leur ardeur se porta vers les lettres,
qui devinrent autant et plus qu'à toute autre époque une occupation générale et un attrait universel. On crut voir d'ailleurs dans les principes philosophiques et politiques de quelques-uns de ceux
qui obtinrent le plus de célébrité dans ce genre, et
dans leur respect et leur attachement pour les beaux
siècles de notre monarchie, une sorte d'opposition
à la tyrannie, et on leur en sut gré. Ainsi donc,
par une sorte de réciprocité, les journaux excitè-
rent l'attention du public, et l'attention du public
excita l'émulation des critiques : quand ils s'aper-
çurent qu'ils étaient beaucoup plus lus, ils firent
plus d'efforts pour n'être pas trop indignes de
l'être. »

« Le *Journal des Débats,* dit encore M. Villemain,

tant accusé de flatterie, fut pendant longtemps une
des bien rares libertés qui restaient du pays et qui,
fuyant de poste en poste, de débris en débris, tantôt se cachant sous la rigueur abstraite d'une certaine logique proscrite comme *idéologie*, tantôt
prenant la forme piquante d'une polémique anti-
voltairienne tolérée plus longtemps, mais suspecte
à son tour, perpétuaient une résistance impercep-
tible. On y célébrait encore, sous couleur de vieilles
traditions et de souvenirs classiques, quelques an-
ciennes franchises nationales; on y vantait cette
indépendance de la conscience judiciaire, cette religion de la justice, ce point d'honneur du magistrat, que l'esprit de révolution et de dictature ne
supporte pas longtemps. On y défendait indirecte-
ment plus d'une victime ou plus d'un adversaire
du maître tout-puissant; on y était fidèle à la gloire
même disgraciée. On y louait constamment Delille, dont le silence inflexible déplaisait tant. On y
exaltait le génie de M. de Chateaubriand, cet autre
rebelle qui avait été un moment si près de l'admiration et de l'obéissance. On y combattait l'esprit
de scepticisme et de violence révolutionnaire, mais
avec plus de regrets de la royauté que de zèle pour
l'Empire. »

Cette situation unique résumait à la fois et le
succès et le danger. Napoléon, déjà prévenu contre
les propriétaires du *Journal des Débats*, recevait de

toutes parts des rapports où on ne cessait de lui insinuer que le journal des Bertin ne voyait en lui
« qu'un sage et généreux *intérimaire*, préparant
un heureux retour à ce qu'on appelait les légitimes
héritiers du trône. » Rien n'était plus facile de justifier ces insinuations.

« Bonaparte, disaient les *Débats* un jour, était
« à l'embranchement de deux routes ; il pouvait
« s'emparer du pouvoir pour lui-même, ou bien,
« poussant son œuvre jusqu'à la perfection, ac-
« complir la restauration sociale dans toute son
« étendue, en rétablissant le droit politique, et
« conquérir le plus beau rôle qu'il soit donné à un
« homme de remplir, celui de protecteur de la
« maison de Bourbon. »

D'ailleurs ces idées, ces espérances germaient,
je l'ai dit plus haut déjà, dans un grand nombre
d'esprits. Elles trouvèrent leur expression dans un
article publié en 1803 par le *Journal des Débats* à
l'occasion de la *Législation primitive* de M. de Bonald, et signé du nom de Charles Delalot.

« Il y a, comme le dit Bossuet, de ces lois fon-
« damentales contre lesquelles tout ce qui se fait
« est nul de soi. Toutes les révolutions que l'or-
« gueil de l'esprit, armé des passions du cœur, ex-
« cite sans cesse contre l'ordre des sociétés, pour
« secouer le joug de Dieu et de ses lois, finissent
« tôt ou tard par soumettre les peuples à une obéis-

« sance plus dure, à un joug plus sévère. Je n'en-
« trerai point dans l'exposition particulière des
« rapports qui constituent la société politique, cela
« m'engagerait dans des discussions délicates sur
« la nature des pouvoirs. Je me contenterai de
« dire que M. de Bonald, après avoir réglé les pou-
« voirs et les devoirs de la société, selon les lois
« fondamentales de l'ordre, nous démontre encore,
« par de vastes et judicieuses applications de l'his-
« toire, que la bonne ou mauvaise fortune des
« états dépend de la fixité des rapports naturels
« qui maintiennent à leur place chacune des per-
« sonnes sociales. »

On sait comment Napoléon, en frappant le duc
d'Enghien et plaçant sur sa tête la couronne impériale, trompa ces espérances. Monck devient Crom-
well.

La conduite des *Débats*, dans cette circonstance,
fut remarquable: Extraire quelques lignes de ses
illustres colonnes montrera mieux que toutes les
dissertations l'opposition latente, pour ainsi parler, qu'il fait au gouvernement.

D'abord il cite ce que disent les journaux
officiels.

« Le ci-devant duc d'Enghien, fils du ci-devant
« duc de Bourbon, et petit-fils de l'ex-prince de
« Condé, est aujourd'hui dans notre citadelle de
« Strasbourg. »

Plus tard, après le jugement :

« La commission spéciale, convoquée par l'or-
« dre du général en chef, gouverneur de Paris,
« s'est réunie dans le château de Vincennes, à
« l'effet de juger le nommé Louis-Antoine-Henri de
« Bourbon, duc d'Enghien, âgé de trente-deux
« ans, né à Chantilly. Il a été, à l'unanimité, dé-
« claré coupable ; à l'unanimité, condamné à
« mort, en réparation des crimes d'espionnage et
« de correspondance avec les ennemis de la Répu-
« blique. »

On ignore encore l'exécution du duc d'Enghien.
Que dit le journal?

Rien dans sa rédaction politique ne tranche sur
sa couleur ordinaire. Au bas de la feuille, un feuilleton rédigé avec la verve et l'esprit accoutumés de
Geoffroy persiffle les fautes littéraires de la comédie d'Etienne, *Une heure de mariage*.

Mais là, au-dessous de la signature du gérant,
au-dessous du nom de l'imprimeur, s'est refugié
le courage des *Débats*.

Le cri de réprobation s'exhale d'un fragment du
onzième livre de la *seconde Guerre punique* de Silius
Italicus, traduit par E. Aignan, et précédé de ce
sommaire :

« Pacuvius, seigneur de Capoue, conjure son
« fils de renoncer au dessein qu'il avait formé
« d'assassiner Annibal. »

Mon fils, par ma vieillesse, et par les droits d'un père,
Mais surtout par ta vie, à mon amour si chère,
Je t'en supplie, abjure un criminel dessein :
Sois l'hôte d'Annibal et non son assassin!
Que le sang d'un héros, versé sous mes portiques,
Ne souille point ma table et mes dieux domestiques.
Toi frapper Annibal! Ni soldats ni remparts
Ne peuvent soutenir ses terribles regards!
A l'aspect de ce fer tourné contre sa tête,
S'il fait tonner sa voix, pareil à la tempête,
Soutiendras-tu les feux qui s'échappent de lui?
Pour être désarmé le crois-tu sans appui?
Non, ton bras pour frapper s'élèverait à peine,
Que tu verrais Trébie, et Canne et Thrasymène,
Et d'Emile indigné la grande ombre en courroux,
Se placer tous ensemble au devant de tes coups.

Eh bien! dans ce temps c'était du courage qu'une allusion.

Le prince tombé, le *Journal des Débats* se borne à enregistrer les attentats contre la vie du premier consul et suit le mouvement qui doit placer la couronne impériale sur le front de Bonaparte.

C'est du feuilleton de Geoffroy que s'élèvent ces paroles décisives :

« Après tant de vaines spéculations, tant de ba-
« vardages, il faut en revenir à la monarchie. La
« véritable liberté de la France est dans la force de
« son chef. L'homme qui a servi la France, dans
« la paix et dans la guerre, n'est-il pas seul capa-
« ble de la gouverner? Voilà ses titres. En est-il

« de plus légitimes et de plus sacrés? S'il y a en-
« core des Français qui conservent des espérances
« frivoles sur le retour d'une famille malheureuse
« qui n'a pas su conserver son antique héritage, ils
« conviendront aujourd'hui qu'après s'être laissés
« tomber par leur imprudence d'un trône si bien
« affermi, ces princes ne sauraient s'y tenir fermes
« lorsqu'ils y seraient entourés de précipices et
« d'écueils, lorsque tant de passions exaspérées,
« tant d'intérêts froissés frémiraient autour d'eux.
« Il ne manque à Bonaparte que cette stabilité qui
« doit fixer dans sa famille le fruit de ses services;
« qu'il soit donc le fondateur d'une dynastie nou-
« velle. »

C'est dans ces circonstances que Chateaubriand,
qui avait résigné ses fonctions de secrétaire d'ambassade à Rome après l'exécution du duc d'Enghien, se sépara avec éclat du *Journal des Débats*.
Nous l'y retrouverons plus tard dans une plus
étroite intimité qu'un non moins éclatant divorce
devait rompre aussi.

CHAPITRE V.

Le *Journal des Débats* devient l'organe de l'esprit qui anime la nouvelle cour. Il tient registre du cérémonial auquel elle s'essaie. C'est le journal de l'état civil du gouvernement. Ici il décrit un baptême ; là Geoffroy encense l'Empereur ; plus loin, c'est la description d'une revue. Il semble que dans de telles conditions l'existence du journal était assurée et que ses propriétaires ne devaient point être suspects. Mais, nous l'avons dit, le journal avait arboré le drapeau des idées religieuses et attaqué les idées et les renommées philosophiques; or, les hommes qui occupaient toutes les avenues du pouvoir étaient tous fils de cette révolution née de la philosophie du xviii⁰ siècle.

Fouché était le centre de la conspiration contre le *Journal des Débats*, et il y aidait de tout son pouvoir pour l'accabler; mais il fallait pour réussir perdre le journal dans l'esprit de l'Empereur, déjà fortement prévenu contre les frères Bertin. Tous les moyens furent employés à cet effet. On était allé jusqu'à accuser Geoffroy, Geoffroy! d'avoir trempé dans la conspiration du terrible Georges Cadoudal. « Le souvenir de cette accusation, dit M. Nettement, était resté dans la mémoire du vieux littérateur, et chaque fois qu'il en trouvait l'occasion, il montrait son dévouement dans son feuilleton, comme les gens qui craignent d'être suspects montrent leurs papiers. »

Vers le milieu de 1805 un censeur fut imposé au *Journal des Débats*. Le prétexte de cette mesure fut l'insertion d'un article sur le duc de Brunswick, au sujet de la croix d'honneur, article qui avait été publié la veille dans un autre journal et que, pour plus de sûreté, on avait eu la précaution de faire réviser dans les bureaux mêmes de la police.

Les choses auraient été beaucoup plus loin sans

doute si le *Journal des Débats* n'avait trouvé un défenseur dévoué.

Ce défenseur était Fiévée.

« Il existe une note pleine d'intérêt et qui a sa place marquée ici, non-seulement parce qu'elle exprime l'opinion personnelle de l'Empereur sur le *Journal des Débats*, mais parce qu'elle est de l'époque même dont nous parlons, et qu'elle a trait précisément au point qui nous occupe. On remarquera que dans cette note adressée à Fiévée, en réponse à ses observations, l'incognito de l'Empereur est d'abord protégé par la particule *on*, puis trahi par le pronom *je* et le *moi* du maître, qui finit par lever orgueilleusement la tête dans la phrase (1). »

Voici cette note :

« M. de La Valette verra M. Fiévée et lui dira
« qu'*on* a lu sa note 33e; que les plaintes qu'il
« porte relativement aux journaux ne doivent
« point être attribuées à la police ni à ses entours,
« comme il se l'imagine; mais qu'en lisant le
« *Journal des Débats* avec plus d'attention que les
« autres, parce qu'il y a dix fois plus d'abonnés,
« *on* y remarque des articles dirigés dans un
« esprit tout favorable aux Bourbons, et constam-

(1) Nettement, *Hist. pol. et litt. des Déb.*, première partie, p. 171.

« ment dans une grande indifférence sur les choses
« avantageuses à l'Etat ; que l'*on* a voulu réprimer
« ce qu'il y a de trop malveillant dans ce journal ;
« que le système est d'attendre beaucoup du
« temps ; qu'il n'est pas suffisant qu'ils se bornent
« aujourd'hui à n'être pas contraires; que l'*on* a le
« droit d'exiger qu'ils soient entièrement dévoués
« à la dynastie régnante, et qu'ils ne tolèrent pas,
« mais combattent tout ce qui tendrait à donner
« de l'éclat ou à ramener des souvenirs favorables
« aux Bourbons; que l'*on* est prévenu contre le
« *Journal des Débats,* parce qu'il a pour proprié-
« taire Bertin de Vaux, homme vendu aux émi-
« grés de Londres; que cependant l'on *n'a encore*
« *pris aucun parti; que l'*on *est disposé à conserver*
« *les* DÉBATS, *si l'on* ME *présente, pour mettre à la*
« *tête de ce journal, des hommes en qui* JE *puisse*
« *avoir confiance, et pour rédacteurs des hommes*
« *sûrs, qui soient prévenus contre les manœuvres des*
« *Anglais et qui n'accréditent aucun des bruits qu'ils*
« *font répandre.*

« Un censeur a été donné au *Journal des Débats*
« par forme de punition; le feuilleton de Geoffroy
« a été soustrait à la censure ainsi que la partie
« littéraire; mais l'intention n'est point de le con-
« server, car il serait officiel, et il est vrai de dire
« que *si le bavardage des journaux a des inconvé-*
« *nients, il a aussi des avantages.* La nouvelle rela-

« tive au duc de Brunswick était certainement
« donnée avec malveillance, et l'on peut citer
« mille autres articles du *Journal des Débats* faits
« dans un mauvais esprit. *Il n'y a pas d'autre*
« *moyen de donner de la valeur à la propriété du*
« *Journal des Débats, que de le mettre entre les mains*
« *d'hommes d'esprit, attachés au gouvernement.*
« Toutes les fois qu'il parviendra une nouvelle
« défavorable au gouvernement, elle ne doit point
« être publiée, jusqu'à ce qu'on soit tellement sûr
« de la vérité, qu'on ne doive plus la dire, parce
« qu'elle est connue de tout le monde. Il n'y a pas
« d'autre moyen d'empêcher qu'un journal ne soit
« point arrêté. Le titre du *Journal des Débats* est aussi
« un inconvénient; il rappelle des souvenirs de la
« Révolution; il faudrait lui donner celui de
« *Journal de l'Empire* ou tout autre analogue.

« *Il faut que les propriétaires de ce journal pré-*
« *sentent quatre rédacteurs sûrs, et des propositions*
« *pour acheter la rédaction de quelques autres jour-*
« *naux. Il sera possible avec cette garantie de con-*
« *solider leur propriété et de la rendre aussi solide*
« *qu'un fonds de terre.* »

Cette note est curieuse à tous les titres, elle exprime à la fois les étranges idées qu'on avait sur
la presse et la propriété des journaux, les préoccupations constantes de l'Empereur relativement aux
journaux dont il sait l'influence, et combien leur

liberté tient au cœur de la nation, et, en particulier, aux *Débats*. Il sentait bien que ce journal, loin d'être un danger pour l'Empire, était un auxiliaire précieux.

Fiévée eut donc à défendre le *Journal des Débats*, mais moins contre l'Empereur, son secret allié, que contre les puissants personnages qui regardaient comme ouverte la succession de Bertin de Vaux contre qui les préventions de Napoléon étaient si grandes, et voulaient entrer sur-le-champ en possession de ses dépouilles. A cet effet, dans une note en réponse à celle de l'Empereur, note excellente où il discute avec chaleur et réfute victorieusement les raisons qui ont fait choisir le censeur des *Débats* dans les bureaux de la police, il trace ce portrait :

« M. Bertin de Vaux, dit Fiévée à l'Empe-
« reur, n'écrit plus depuis longtemps, et ne se
« mêle de son journal que sous le rapport de l'ad-
« ministration. Entièrement livré aux affaires de
« finances, je puis assurer qu'il n'est pas une
« partie de sa fortune qui ne souffrît par un chan-
« gement de gouvernement. D'ailleurs ce n'est
« point ce qu'on appelle un homme à opinions; il
« a d'autres affaires , par conséquent d'autres
« pensées. »

Je doute fort que cette assurance eut l'influence qu'on veut bien lui prêter. Les événements depuis ont démontré qu'elle n'était rien moins que sincère, et l'Empereur ne s'y trompa point. Il continua, dit M. Nettement, à montrer beaucoup d'éloignement pour M. Bertin de Vaux, et à le tenir pour un *homme à opinions*, en d'autres termes, *métaphysicien* ou *idéologue*, quoique M. Fiévée affirmât qu'il *avait d'autres affaires*. Il répéta même plusieurs fois à ce dernier, dans le cours d'une conversation, que, lorsqu'il avait des préventions, il n'en revenait jamais. M. Fiévée eut recours à une flatterie bien audacieuse. Il répondit à l'Empereur qu'il concevait qu'un bon bourgeois affirmât que, lorsqu'il avait des préventions, il n'en revenait jamais, puisqu'il les avait probablement prises lui-même ; mais que, quand on *était né sur le trône*, on ne pouvait guère avoir contre de simples particuliers des préventions que celles qu'on avait reçues. « *Né sur le trône*, » dit M. Fiévée, dans le récit qu'il fait de cet incident, passa « aussi naturellement qu'il avait été dit, et « les expressions de l'Empereur devinrent polies « et douces, de dures qu'elles étaient. »

Personne n'est au-dessus de la flatterie, mais il nous est permis de croire que le sentiment particulier de l'Empereur à l'endroit des *Débats*, plus que le miel de ce *né sur le trône*, contribua à l'heureuse issue de la négociation. Ainsi fut respecté, pour le moment, le droit des propriétaires du

Journal des Débats, autant du moins qu'il était dans les habitudes de l'Empereur de respecter des droits.

Ils durent verser par an, au ministère de la police, trois douzièmes du produit ; le titre du journal fut changé et remplacé par celui de *Journal de l'Empire;* Fiévée en devint la caution politique et en prit en main la direction. Voici ce qu'avant d'entrer en charge il écrivit à l'Empereur : « Il est « probable, pour me servir des expressions de « l'Empereur, que je resterai longtemps avec la « prétention de faire un parti à moi tout seul, et « que si je suis chargé du *Journal des Débats*, j'aurai « de terribles luttes à soutenir. Je crois devoir en « prévenir, afin que l'Empereur ne prenne pas de « résolution à mon égard sans en avoir prévu les « conséquences. »

Fiévée avait un terrible adversaire dans la personne de Fouché. Deux fois celui-ci paya de sa place les entraves qu'il suscita au correspondant de l'Empereur, il finit néanmoins par l'abattre. Mais n'anticipons pas sur la marche des événements et ne pénétrons pas plus avant sans dire ce qu'était Fiévée, dont le nom, aujourd'hui inconnu à la plupart, jouissait sous l'Empire et la Restauration d'une grande réputation et d'une autorité légitime.

Fiévée.

« Fiévée est un de ces hommes qu'il ne faudrait pas étudier trop en détail, » dit justement M. Hatin. En effet, sa vie politique ressemble assez à l'habit d'Arlequin, mais son esprit prodigieux, son remarquable talent d'écrivain, son caractère indépendant dans sa mobilité même, et par-dessus tout une rare faculté d'observation qui frappa Napoléon lui-même, en font une de ces figures avec lesquelles il faut absolument compter et qu'il est impossible de négliger ou de passer sous silence tant elles protestent avec énergie contre le dédain affecté, tant elles prennent soin de s'imposer, s'agitent sans cesse, se mêlant à tous les événements, sè glissant dans toutes les affaires, en sorte qu'il est impossible qu'elles ne vous frappent pas par leur persistance à se montrer partout, là même où elles n'ont que faire, alors qu'elles n'auraient point les qualités remarquables de Fiévée.

Fiévée, entraîné comme tant d'autres par la Révolution, avait eu, lui aussi, ses moments d'enthousiasme. Il avait été, ainsi que le dit M. Sainte-Beuve, debout et actif au parterre avant d'être devenu une espèce d'amateur politique, assis l'orchestre, jugeant la pièce et consulté souvent par les acteurs et les auteurs, avant de s'être établi dans son habitude d'observer, « comme s'il ne remuait que pour son instruction. »

Il était entré, à l'époque du Directoire, en société avec La Harpe et Fontanes pour la rédaction du *Mercure*. Dans le même temps, il prenait la direction politique de la *Gazette*. « Les passions et les partis qui agitaient encore la société, dit-il à cette occasion, donnaient aux journaux une influence d'autant plus grande qu'ils n'étaient soumis à aucune censure, et même à aucune loi. Ils vivaient sur un principe, et tombaient quand le principe était violé par un coup d'Etat ou par un coup de désespoir, ce qui arrivait assez régulièrement de deux ans en deux ans, terme de rigueur fixé par la puissance des événements et des institutions proclamées immortelles à leur naissance. »

Le 18 fructidor fut pour lui un de ces termes fatals. Fiévée proscrit se retira en Champagne et y écrivit un petit roman, *la Dot de Suzette*. Sur les secrètes instances de M. Becquey, il s'attacha au service de Louis XVIII, et dans un petit comité dont faisait partie Royer-Collard, il correspondait avec le roi exilé, « non, dit M. Guizot, pour conspirer, mais pour éclairer ce prince sur le véritable état du pays, et lui donner des conseils aussi bons pour la France que pour la maison de Bourbon, si la maison de Bourbon et la France devaient se retrouver un jour. »

Le 18 brumaire mit fin à cette correspondance
et ramena Fiévée à Paris où il reprit la direction
de la *Gazette*. Quelques articles hardis, écrits avec
cette grâce et cette urbanité qui n'appartenaient
qu'à lui, et dont on était déshabitué, fixèrent l'attention du Premier Consul, qui cherchait partout
des hommes pour cette régénération sociale à laquelle il songeait. La hardiesse de Fiévée, son ton
décidé, son langage net, prophétique et si conforme aux idées que le Premier Consul roulait dans
sa tête le séduisirent. Mais, d'un autre côté, le parti
à la tête duquel se trouvait Fouché et qui préten-
dait conduire Bonaparte selon ses vues, redoutait
l'influence de Fiévée, et celui-ci, jouet des orages
qui tourbillonnaient autour du Premier Consul
pour l'entraîner, fut jeté en prison au Temple
comme dévoué aux Bourbons.

Le chef du parti opposé à Fouché proposa alors
à Fiévée de le tirer de prison s'il voulait se lier à
ses combinaisons. « J'y suis entré innocent, répondit Fiévée; faites-m'en sortir innocent, nous verrons après. »

Une fois en liberté, ce fut précisément ce que l'on
avait fait pour l'éloigner du Premier Consul qui
l'en rapprocha. Bonaparte, après de vaines instances pour l'attacher au gouvernement d'un manière
active, si je puis ainsi parler, lui fit proposer un
voyage en Angleterre. Fiévée accepta avec plaisir.

Rœderer, qui avait été l'intermédiaire de cette négociation, le présenta aux Tuileries et dans l'en-
tretien qui eut lieu avec le Premier Consul il fut
décidé que Fiévée écrirait de Londres directement
à Bonaparte par l'intermédiaire de notre ambassadeur. Cette correspondance ne dura pas longtemps.
Si Bonaparte tenait à être au courant de ce qui se
passait et de ce qu'on pensait de lui en Angleterre,
il tenait bien davantage à connaître l'état et les
fluctuations de l'opinion publique en France. L'observateur Fiévée était un homme précieux à cet
égard, aussi quitta-t-il bientôt l'Angleterre.

A son retour il vit le Premier Consul qui lui exprima le désir que sa correspondance continuât en
France telle qu'elle avait été faite à Londres. Ce fut
M. Lavalette qui fut cette fois l'intermédiaire entre
le publiciste et son illustre correspondant.

« Cet homme, dit M. Nettement, se trouvait vis
à vis de Bonaparte dans une position presque sans
exemple de sujet à souverain. M. Fiévée entretenait avec l'Empereur une correspondance où il lui
parlait librement, sans aucune espèce de contrainte,
de contrôle ni de réserve, des affaires du moment
et de l'état de l'opinion publique; ses lettres rou-
laient sur tous les points de la politique intérieure
et étrangère. Cette licence accordée par un homme
de génie à un homme d'esprit n'est pas si extra-
ordinaire qu'elle le peut paraître au premier

abord (1). Napoléon sentait les avantages de la
presse indépendante, tout en craignant ses inconvénients. Quel parti prit-il? Il profita de l'occasion
favorable que lui faisait rencontrer un homme qui
avait assez d'amour-propre pour oser penser,
même avant et après l'Empereur, et une estime
assez grande de lui-même pour préférer son avis à
celui de Napoléon, et il permit à cet homme de
faire ce que personne ne pouvait faire alors : un
journal indépendant, consciencieux, libre. Seulement le journal resta manuscrit entre celui qui
l'écrivait et l'abonné solitaire pour lequel il était
écrit. M. Fiévée fit pour l'Empereur ce qu'on fait
ordinairement pour le public. Sa correspondance
est la véritable gazette politique de l'époque; vous
ne trouverez ailleurs que des opinions de commande
et une phraséologie censurée, émondée et dirigée
par la police. Ainsi les rôles étaient intervertis : le
souverain recevait la vérité toute nue, et le
public ne la recevait qu'altérée. Bonaparte, comme
un puissant égoïste qu'il était, avait pris pour
lui tous les avantages du journalisme et en avait
laissé les inconvénients à la France. Il avait voulu
qu'on traitât le souverain comme on traite ordinairement le public, et qu'on traitât le public

(1) Napoléon avait une correspondance semblable avec
madame de Genlis.

comme on traite ordinairement le trône (1). »

Quiconque recherche une image exacte de la société sous le Consulat et le commencement de l'Empire, la trouve finement peinte dans cette suite de petits tableaux de chevalet pleins de netteté et de grâce qui composent cette correspondance de onze années publiée par Fiévée en 1836 (3 vol. in-8), enrichie d'une introduction, « qui est un « des meilleurs et des plus piquants morceaux « d'histoire contemporaine. »

Qu'il me soit permis d'en détacher ce passage, où l'on trouvera un exemple de ce bon sens et des vues parfois justes que cet esprit faisait passer sous le ton de l'ironie de l'épigramme, voire de l'impertinence, ton qui lui est habituel même dans les choses les plus sérieuses.

Dans le courant d'avril 1803 le Premier Consul provoque son correspondant sur la question de la liberté de la presse et lui demande son avis. Fiévée répond :

« Le désir que témoigne le Premier Consul de « connaître mon opinion sur ce qu'on appelle la « liberté de la presse, et sur les moyens qu'il y « aurait de mettre l'ordre dans cette partie, me « paraît trop prématuré. Je doute que nous soyons

____

(1) A. Nettement, *Hist. pol. et litt. des Débats,* deuxième édition, première partie, p. 168 et suiv.

« assez avancés pour faire quelque chose de bon à
« cet égard ; voici mes raisons :

« Il y avait des doctrines et des habitudes sous
« l'ancien régime ; il n'y en a pas, il ne peut y en
« avoir aujourd'hui, puisque nous sommes dans
« un état publiquement transitoire.....

« La liberté de la presse est un fait qu'on ne
« peut séparer de la forme du gouvernement
« adopté. Très-peu partisan de la division des pou-
« voirs et du système de la résistance active contre
« l'autorité, qui est une conséquence nécessaire,
« je n'en suis pas moins convaincu que, partout où
« l'on admet l'action des corps politiques qui déli-
« bèrent publiquement sur des intérêts généraux,
« leur plus forte garantie est dans la liberté de la
« presse, car, si l'opinion publique n'est pas libre
« dans toute l'étendue du mot, les corps délibé-
« rants ne le sont pas. Voilà pourquoi le parle-
« ment d'Angleterre, même dans les temps où on
« le disait vendu au ministère, n'a jamais voulu
« renouveler les lois sur la liberté de la presse,
« bien persuadé qu'il y aurait plus de pertes que
« d'avantages, pour la liberté générale, à tirer ces
« vieilles lois du vague où elles sont. Partout où
« on admettra la division des pouvoirs, et par une
« conséquence nécessaire, la résistance active à
« l'autorité, la liberté de la presse s'établira de
« droit. C'était une prétention factieuse sous l'an-

« cienne monarchie ; c'eût été peut-être un moyen
« de salut à certaines époques de la Révolution.

« Mais qu'est-il arrivé? Après avoir admis que
« la liberté de la presse était un droit de l'homme,
« on s'est borné à en faire un principe ; mais on
« n'a jamais su en faire une loi. Cependant, quoi-
« que posséder soit un droit incontestable pour
« celui qui a acquis, s'il n'y avait pas de loi, il est
« impossible de comprendre comment il y aurait
« possession. La liberté de la presse n'a été jus-
« qu'ici pour nous qu'un fait accidentel. Tant que
« les partis se sentaient d'égale force, ils impri-
« maient librement ; quand un parti triomphait, il
« ôtait au parti vaincu les ressources qu'il aurait
« trouvées dans l'opinion ; et comme il n'y avait
« pas de lois, on brisait les presses, on assassinait
« ou on déportait les écrivains, on les traitait
« comme des factieux. Tout cela est très-consé-
« quent : un principe absolu amènera toujours
« l'injustice et la violence, quand il ne se liera pas
« à la forme et à l'esprit du gouvernement, et
« j'entends ici par gouvernement tout ce qui s'em-
« pare du pouvoir.

« Depuis qu'on ne brise plus les presses, qu'on
« n'assassine ni ne déporte ceux qui impriment,
« la presse n'en est pas plus libre. A quoi cela
« tient-il, si ce n'est à ce qu'on sent que la liberté
« de la presse est incompatible avec le gouverne-

« ment actuel, et le gouvernement actuel in-
« compatible avec la liberté de la presse? On im-
« primerait contre Dieu, contre la religion, contre
« la morale, sans la moindre difficulté ; mais con-
« tre le Premier Consul, qui l'oserait? Il n'y a de
« fort que le grand parti révolutionnaire ; il a fait
« ses calculs pour se soumettre, du moins provisoi-
« rement. S'il réclamait la liberté, le Premier Con-
« sul le ferait trembler aussitôt par quelques grâces
« publiques accordées aux royalistes ; et si les roya-
« listes étaient assez revenus de l'horreur que leur
« inspire la Révolution pour demander eux-mêmes
« la liberté, les révolutionnaires s'uniraient volon-
« tiers au Premier Consul pour lui donner le pou-
« voir absolu. Et c'est dans ces circonstances
« qu'on demande des idées sur les moyens de faire
« une loi relative à la liberté de la presse ! Cela est
« impossible ; j'en suis si persuadé que j'ose pré-
« dire que, si on persévère dans ce dessein, on sera
« obligé d'y renoncer, parce que la discussion
« mettra tous les cœurs à découvert. Mais le mi-
« nistre de la police suffirait seul pour faire
« échouer tous les projets de liberté : il a un in-
« térêt particulier à ce que l'état des choses se
« prolonge. Je reviendrai tout à l'heure sur cette
« assertion.

« Nos corps délibérants ne sont pas des pou-
« voirs, à moins qu'on ne les regarde comme des

« pouvoirs détrônés ; mais est-ce celui qui leur
« a ôté la direction de la Révolution qui voudrait
« la leur rendre? Elle leur reviendrait de droit
« avec la liberté de la presse, à moins que l'opi-
« nion publique ne se tournât contre les corps
« délibérants, par le souvenir si vif des malheurs
« qu'ils ont causés à la France. Dans ce cas, le Pre-
« mier Consul les battrait sans peine ; mais pour-
« quoi essayer s'ils sont faciles à battre, quand ils
« ont et veulent bien garder l'attitude de courti-
« sans? Si la prétendue loi de la liberté de la presse
« n'avait pour but que de leur apprendre qu'on
« veut toujours les tenir dans cet état, la discus-
« sion deviendrait très-dangereuse ; car il ne faut
« pas se tromper sur l'esprit des Français ; ils sont
« las de la Révolution, et non dégoûtés des prin-
« cipes qui l'ont amenée. La méfiance contre le
« gouvernement les rappellerait bientôt aux idées
« de liberté, et ce n'est ni par des lois, ni par des
« discussions publiques, qu'il serait aujourd'hui
« possible d'affermir le pouvoir.

« La Révolution ne nous a corrigés de rien, dès
« lors elle a ajouté prodigieusement aux désordres
« qui existaient en 1789. Dans quel état la France
« se trouvait-elle au 18 brumaire? Toutes les idées
« étaient à la fois hardies et flottantes ; de tous les
« signes de décadence, c'est le plus grand. Arrêter
« l'essor des pensées était alors tout ce que la poli-

7

« tique exigeait ; et comme il était bien moins
« question de diriger l'opinion publique que d'em-
« pêcher le choc des opinions, ce qui regarde la
« presse tomba naturellement dans les mains de la
« police, qui, de sa nature, est réprimante, et ne
« sera jamais que cela. Aussi s'opposera-t-elle
« toujours à ce qu'on fasse des lois qui mettent
« l'ordre dans cette partie, parce que rien ne lui
« est plus facile que de changer au jour le jour
« l'état de la discussion par des rapports au Pre-
« mier Consul, et, au besoin même, par des scè-
« nes publiques qui le porteront à des mesures
« d'éclat. Dès lors, il y aura tant d'opposition en-
« tre la loi générale et les faits particuliers que la
« loi ne sera rien qu'un sujet de dérision. Je vois
« bien qu'on pousse déjà beaucoup de choses à
« l'extrème pour amener les esprits à trouver
« bonne une loi qui ne ferait que la moitié du mal
« qu'on fait sans loi ; mais cette manière d'agir est
« déplorable, et puisqu'aucun écrivain de renom
« ne pense aujourd'hui à lutter, il faut s'en tenir
« là ; car les moyens sont si petits qu'on n'oserait
« en faire usage contre un homme qui aurait une
« grande réputation littéraire (1).

(1) Le poëme de la *Pitié*, de l'abbé Delille, parut à cette époque. « On en frémissait dans le gouvernement de Bonaparte, dit M. E. Hatin, et cependant personne n'aurait osé arrêter la publication d'un ouvrage de l'abbé Delille. »

« On a mis les choses au point que les auteurs,
« libraires, imprimeurs, loin de redouter la cen-
« sure, l'appellent de tous leurs vœux ; la difficulté
« n'est donc pas de la faire recevoir, mais de l'éta-
« blir. Qui voudra, qui saura censurer? Et pour
« tout dire en un mot, sur quelles doctrines
« avouées s'appuieraient les censeurs?....

« En résumé, il y a trop de désordre encore
« dans les choses et dans les pensées, trop d'incer-
« titude dans la direction que le gouvernement se
« donnera à lui-même ou qu'il recevra des cir-
« constances, pour songer sérieusement à faire une
« loi sur la liberté de la presse. En attendant
« qu'on puisse mettre de l'ordre dans les pensées,
« il faut en mettre dans les choses. Essayer davan-
« tage, ce serait, de la part du pouvoir, montrer
« plus d'inquiétude qu'il n'a sujet d'en avoir, et
« peut-être s'exposer, pour rompre l'effet d'une
« discussion publique, à annoncer en principe ce
« qui ne se tolère qu'en fait. Rien ne périclite,
« puisque la grande question de la liberté de la
« presse dépend, dans sa solution, de la forme du
« gouvernement, et que nous n'avons pas même
« une forme de gouvernement arrêtée. »

CHAPITRE VI.

1805 a 1807.

Sous la direction de Fiévée, le *Journal des Débats*,
devenu le *Journal de l'Empire*, vit s'accroître son
succès. Son nouveau titre le liant en quelque sorte
à la personne de celui qui pouvait dire avec non
moins de raison qu'un despote illustre : *l'Empire*

c'est moi, tourna à son avantage. On le regarda désormais comme l'expression de la pensée qui gouvernait la France. L'épée de Napoléon, dépeçant l'Europe à la façon de la griffe du lion de la fable, chaque jour agrandissait l'Empire français et conquérait de nouveaux abonnés et des lecteurs nouveaux au *Journal de l'Empire,* rédigé ainsi par la plus puissante des collaborations : l'argent, l'esprit, le talent et le glaive — le glaive de Napoléon !

Tandis que ce journal grandissait, ses ennemis ne pouvaient sans envie le voir s'élever à un tel degré de puissance. La cupidité des uns, l'humeur des autres, s'en irritèrent et le *Journal de l'Empire* eut encore à essuyer les attaques de ses ennemis. D'ailleurs la trève tacitement conclue entre Fiévée et le ministre de la police ne pouvait être de longue durée. Le premier ne pouvait pas oublier que le second lui avait fait subir, à une époque qui n'était pas encore très-éloignée, une rude captivité ; et, quoiqu'il ait maintes fois répété, avec cette gaieté d'esprit qu'on lui connait, qu'il était absolument impossible, dans le temps où les choses se passaient, d'en vouloir à un homme qui ne vous avait fait arrêter qu'une fois, ses relations avec le ministre de la police n'étaient rien moins que bienveillantes, et il ne laissait jamais échapper l'occasion de lui payer en détail, souvent durement, mais toujours avec esprit, les heures de méditation, la nourriture et le logement qu'il lui avait fournis gratis.

Cette fois la lutte fut extrêmement vive et on comprit dès le début que l'un des deux adversaires devait payer de sa place sa haine contre son ennemi. Ce fut M. Fiévée qui succomba. Voici par quelles escarmouches s'engagea et dans quelles circonstances finit le combat :

Après la bataille d'Austerlitz, l'Empereur, encore dans la fièvre de la victoire, dicta une de ces proclamations *ossianiques*, dont les expressions pompeuses et les périodes enflées parurent contraires aux règles du goût et de nature à choquer une partie du public. On en fit donc une autre plus convenable, mais on ne put détruire entièrement la première publiée déjà par les journaux allemands. Un correspondant de Francfort l'ayant communiquée au *Journal de l'Empire*, celui-ci la reproduisit. Fouché, sans blâmer la proclamation où il avait sans peine reconnu le style du maître, prit un biais et accusa le correspondant de Francfort d'être *un intrigant vendu aux Anglais :* accusation banale mise en usage contre tous ceux qu'on voulait perdre.

Le directeur du *Journal de l'Empire*, homme à l'épiderme sensible, sentit la pointe de cette cruelle métonymie et s'évertua à prendre sa re-

vanche. Il ne tarda pas à en trouver le prétexte.
Une édition de Collin d'Harleville, récemment publiée, portait, à la dernière page du dernier volume, une approbation de la censure qui n'avait à cette époque aucune existence légale en France. Fiévée saisit la balle au bond, et imprime cette autorisation dans son journal. Le scandale fut grand et prit les proportions d'un événement.

Cependant, l'Empereur, fatigué des attaques sans cesse renaissantes du ministre contre Fiévée, des ripostes sanglantes de celui-ci, les fit blâmer tous deux dans le *Moniteur*. Fiévée, à cette occasion, montra son indépendance d'esprit et, avec une noble fierté, refusa de reproduire dans son journal le blâme jeté sur sa personne, et, lorsque Fouché lui objecta que, lui ministre, il n'était pas blessé de ce que le *Journal de l'Empire* avait reproduit ce qui le concernait, le journaliste répondit : « Moi, je n'ai pas d'ambition pour me conso- « ler ; il me faut toute ma réputation. »

« Parmi les petitesses du ministre, écrit-il à ce sujet à l'Empereur, je citerai l'inquiétude qu'on a de mon crédit. De là le bruit qu'on fait courir que je suis tombé en disgrâce, et, par suite, la nouvelle de mon arrestation, devenue si publique que le même jour plus de trente personnes sont venues chez moi me demander pourquoi on m'avait arrêté, et quelques-unes n'étaient pas sans crainte de se compromettre par cette preuve d'intérêt ou de curiosité. Heureusement j'étais chez moi pour les rassurer et pour leur apprendre que les haines ministérielles ne sont rien sous un chef qui règne par lui-même, et seraient encore moins si le chef de l'Etat était faible; car, alors, que seraient les ministres? Il est vrai que M. Fouché, qui a le malheur d'être nerveux, avait crié, m'a-t-on dit, qu'il me ferait arrêter, et, comme il y avait beaucoup de témoins, cela paraissait un engagement. Je m'imagine que c'est pour savoir ce qu'il devait en penser lui-même qu'il a rendu une visite à M. de La Valette, et qu'affectant une colère qu'il n'avait plus, il répéta qu'il me ferait arrêter. M. de La Valette, avec la douceur que l'Empereur lui connaît, se contenta de répondre : *Vous n'en ferez rien.* Et il avait raison. En vérité, je ne sais ce qui tourmente ces gens-là; *je crois quelquefois que leur agitation est une punition de Dieu.* »

Maispendant que Fouché, battu devant l'opinion publique, se consumait de rage, les ennemis du *Journal des Débats* lui préparaient un triomphe dans l'enceinte même de l'Académie, à l'occasion de la réception du cardinal Maury.

Laissons encore parler M. Fiévée :

« Cependant, écrit-il à son illustre correspondant, le voici (M. Suard qui avait répondu au discours du récipiendaire), le voici d'accord avec

M. Chénier, qui dans ses satires l'a appelé *vil
Suard,* et il fait au nom de la bande une chose que
M. Chénier n'aurait osé faire avec aussi peu de pudeur. Dans une séance publique de l'Académie
française, M. Suard vient de dénoncer les rédacteurs du *Journal de l'Empire* (et, par conséquent,
moi, plus que tous les autres, puisque la responsabilité générale de la rédaction tombe sur moi)
comme partisans des Bourbons et travaillant à les
faire revenir. Cela est absurde, sans doute, mais
l'absurdité ici n'empêche pas l'odieux d'une telle
attaque et son inconvenance sous tous les rapports. Il est vrai que M. Suard passe pour avoir
répondu aux honnêtes gens qui lui reprochaient
cette sortie : « s'ils étaient royalistes, je ne les au-
« rais pas dénoncés. » Si cette manière de se défendre est réelle, c'est une infamie de plus ; car il
lui serait aussi difficile de prouver que nous désirons le retour des Bourbons, que de prouver que
nous ne le désirons pas. Cette question ne se traiterait certainement pas dans les journaux, fût-ce
d'une manière indirecte ; et je puis affirmer que,
dans nos réunions intimes, jamais elle ne s'est présentée, même en conversation, ne fût-ce que parce
que la disposition actuelle des choses n'y porte en
aucune manière. Nous avons, il est vrai, le tort
d'attaquer avec un succès toujours croissant cette
philosophie du XVIIIe siècle, mauvaise en morale,

7.

en littérature, autant qu'en politique; et comme
la réputation de M. Suard tient à cette philosophie,
puisqu'il n'a fait aucun ouvrage qui puisse recom-
mander sa mémoire, il ne peut nous pardonner
notre irrévérence pour les maîtres, irrévérence qui
réduirait à rien les disciples comme lui. Mais aller
jusqu'à une dénonciation politique faite en pleine
séance de l'Académie, appuyer avec un tel éclat les
rapports secrets du ministre de la police, c'est une
action d'autant plus lâche qu'on a dû calculer d'a-
vance que, le nom des Bourbons se trouvant mêlé
à cette attaque, il serait impossible de se défendre
dans les journaux. Certes, quand l'Empereur est à
Paris, on ne se permettrait pas une tentative aussi
étrange ; il la punirait. Doit-il la tolérer parce qu'il
est loin? et paie-t-il des académiciens pour annoncer publiquement qu'il y a des hommes qui travail-
lent à le renverser? Ou le fait est vrai, ou il est
faux. Dans l'un ou dans l'autre cas, c'est au gouvernement seul qu'il appartient de décider si cette
vérité ou cette fausseté forment une vérité ou un
mensonge académique.

Fiévée ajoute :

« Je resterai chargé de la direction du *Journal
de l'Empire* tant que l'Empereur sera absent, po-
sitivement parce que ces messieurs viennent de me
révéler l'importance qu'ils mettent à m'éloigner ;
mais, à son retour, je le prierai de me rendre à la

tranquillité personnelle dont je jouissais » (avril
1807).

Au mois de juillet, le *Journal de l'Empire* est arrêté à la poste pour avoir annoncé que deux vaisseaux de ligue avaient été lancés dans le port
d'Anvers. C'était, au dire de la police, instruire
l'Angleterre de l'état de nos armements maritimes.
Le *Journal de l'Empire* avait emprunté textuelle-
ment l'article incriminé, *au Moniteur*. A cette persécution nouvelle, Fiévée n'y tient plus. Dans une
lettre à l'Empereur, il exprime l'idée de sa chute
prochaine et le dégoût que lui inspire la basse et
stupide haine dont il est l'objet.

« Je croirais m'avilir moi-même, dit-il, en res-
tant à son égard dans une position hostile. Il faut
alors se détourner et penser à autre chose. »

Puis il raconte comment les faits se sont passés.
L'Empereur aura peine à y croire. On le trompe
par des motifs si ignobles qu'il lui en coûterait de
les consigner s'il ne fallait faire connaître la vérité.
On voulait la spoliation du *Journal des Débats*, et
non qu'il devînt le journal de l'Empire. Le journal
qu'ils convoitent rapporte beaucoup. On a voulu
le tuer, on n'a pu y réussir. On l'a accablé de dé-
fenses qui, si on s'était prêté à les exécuter, auraient réduit le journal à paraître en blanc. Vains
, efforts, on a voulu alors frapper un grand coup.
« C'est à l'époque d'un semestre, c'est-à-dire d'un

« renouvellement pour six mois, que l'ordre a été
« donné de l'arrêter à la poste, et avec défense à
« M. de La Valette de m'en instruire. Qu'un mi-
« nistre de la police, qui doit tout savoir, serait
« honteux s'il apprenait à quoi ses commis le font
« servir !.....

« Arrêter pour un temps limité ou illimité la
« circulation d'un journal, c'est une vengeance
« d'enfant, un aveu d'incapacité et une preuve
« d'esprit de parti dans le ministère.... Il faut que
« cette situation cesse, c'est mon refrain continuel,
« et comme l'Empereur ne me sacrifiera pas son
« ministre de la police, parce qu'il n'y aurait pas
« compensation, il faudra bien qu'il consente à me
« sacrifier, non pas à son ministre, ce serait mal,
« mais à ceux qui prennent sourdement la place
« du ministre pour achever cette affaire, et qui,
« n'étant pas connus pour avoir des opinions ré-
« volutionnaires, sont tout propres à faire le mal
« d'une manière conciliante. »

L'Empereur était véritablement dans une grande
perplexité, tiraillé en sens contraire par ces deux
hommes qui représentaient deux principes si opposés, ou, mieux, deux nuances plus brillantes que
solides, de deux sortes d'idées qui partageaient les
esprits à cette époque, les idées monarchiques et
les idées révolutionnaires. Aussi avait-il hâte de
sortir de cet embarras ; il en sortit et très-sage-

ment du reste. A part les moyens qui sont de tout temps condamnables, l'Empereur, en cet instant, encore trop peuple, encore trop près de son origine, fit précisément et naturellement le contraire de ce qu'eût fait un Bourbon en cette circonstance, et il le fit en connaissance de cause : il sacrifia et très-justement la réaction à la révolution, et un jour, lui, l'Emperenr Napoléon, il dit à Fiévée : « Je ne puis plus vous défendre, » et : « Vous « avez le dessein de m'entraîner dans une autre « monarchie que celle que je veux former ; » ce qui était vrai quoi qu'en dise Fiévée, car il était plus royaliste qu'il ne le pensait lui-même, et son dévouement à l'Empereur ne reposait que sur une erreur de personne.

CHAPITRE VII.

La place de Fiévée au *Journal de l'Empire* fut donnée à Étienne. L'Empereur l'avait choisi entre trois hommes que lui avait désignés le duc de Bassano. Si l'indiscipliné Fiévée ne convenait pas à la direction nouvelle qu'on voulait imprimer au *Journal de l'Empire*, Étienne convenait encore moins, et on ne s'explique pas trop comment l'Empereur

le choisit plutôt que tel autre qu'avait désigné
Maret.

Son introduction fut une véritable révolution,
Etienne était l'expression de ce dix-huitième siècle
si décrié et dont les idées étaient si vivement com-
battues par la feuille dont il prenait la direction. Il
est vrai que, quant à la politique, il recevait des
ordres dont il ne pouvait s'écarter. Du reste, nous
l'avons dit, la politique en ce moment n'existait
ailleurs que dans le cabinet du souverain ; mais la
tendance naturelle de son esprit l'entraînait vers
les idées de la Révolution, et la fusion, si tant est
que ce but qu'on a prêté à l'Empereur était véritablement celui qu'il s'était proposé, et la fusion,
dis-je, l'impraticable fusion de l'esprit monarchi-
que et de l'esprit révolutionnaire, cette chimérique unité était devenue, par ce seul fait, véritablement irréalisable.

Etienne était placé dans une situation éminem-
ment délicate ; d'un côté il avait à satisfaire aux
ordres absolus de ce chef d'Etat qui en était venu,
à force de fortune, si je puis ainsi parler, à ne plus
soupçonner même la contradiction ; de l'autre, il
se trouvait exposé à la secrète malveillance des propriétaires lésés, des hommes de lettres écrasés par
la volonté impériale, mais non soumis, et dont la
susceptibilité littéraire outrageusement froissée se
manifestait en toute occasion en hostilité sourde.

Son tact et sa loyauté lui évitèrent tous les dangers de sa fausse position. Il arriva même, par un prodige de diplomatie franche, si par impossible ces deux mots peuvent s'accoupler, à conquérir et le respect et l'affection de ses entours ; les plus ouvertement hostiles devinrent ses amis, les autres lui rendirent la justice et le respect qui lui étaient dus. Tout le monde ne fut pas aussi juste, et les envieux de sa fortune inespérée l'accusèrent de servilisme.

Etienne ne méritait point cette publique flétrissure ; sincèrement dévoué à la cause impériale, il ne se donnait pas à elle en aveugle. Un fait entre mille donnera la mesure de son véritable caractère.

Napoléon venait d'épouser Marie-Louise, et les allées et venues de l'ambassadeur d'Autriche, ses fréquentes visites à l'Impératrice, les tête-à-tête fréquents qu'il avait avec elle, éveillèrent ses soupçons. Il crut, avec cette rapidité qu'il mettait à se former une opinion et à la formuler, à des intrigues se nouant, au profit de l'Autriche, dans son propre palais, sous ses yeux. Outré de tant d'audace, il dicte, dans l'instant, à son secrétaire, dans des termes peu diplomatiques, un article déplorable contre l'ambassadeur et le fait remettre sans désemparer à Maret avec injonction de l'insérer le jour même dans le *Journal de l'Empire*. Le duc de Bassano fit quelques observations qui furent

très-mal reçues. Le factum est immédiatement envoyé à Etienne. Celui-ci fait des représentations.
Le style est indigne de l'Empereur, le goût, la
langue y sont outrageusement blessés. « L'Empereur le veut, » répond le ministre impassible. L'article est composé. Le soir, Etienne, selon l'usage,
vient revoir l'épreuve. L'abbé Mutin, le rédacteur ordinaire du journal, fait à son tour des difficultés. Un pareil article est dangereux, compro-
mettant, impossible. Etienne est du même avis. Il
hésite, mais enfin il se décide. La publication en
est suspendue.

Le lendemain matin, Napoléon demande son
journal, cherche son article et ne le trouve point.
Maret est durement réprimandé; il assure que l'es-
pace seul a manqué et promet que demain sans
faute l'omission sera réparée. Etienne est appelé.
Nouvelle injonction plus pressante, plus absolue
que celle de la veille. Le malheureux rédacteur en
chef ne sait que faire. Il s'en allait à travers Paris
comme un désespéré. Il se heurte à Nanteuil, son
ami, et lui conte son embarras. Il lui fait lire le
fameux article en épreuve : « Ne publiez pas cela,
dit Nanteuil. — L'Empereur le veut. — L'Empereur ne sait ce qu'il veut, rendez-lui service malgré
lui. » Ces mots fixent les irrésolutions d'Etienne :
l'article ne paraîtra point.

« Et mon article ? dit le jour suivant l'Empereur

au duc de Bassano. — Il n'a pas paru, répond le
ministre en tremblant. — Il n'a pas paru ! Et qui
donc s'est permis de mépriser mes ordres? — Sire,
c'est M. Etienne ; il prétend que l'article n'est pas
digne de Votre Majesté, et il a refusé de l'insérer.
— Ah ! reprit vivement l'Empereur, M. Etienne a
osé.... Puis, après un moment de réflexion : Eh
bien, il a bien fait ! »

Il était impossible que, dans la situation où il
se trouvait, le rédacteur en chef du *Journal de
l'Empire* ait été toujours aussi heureux. En dépit
de sa pénétration, de son tact, de son habileté, on
le trompait. Ses rédacteurs faisaient assaut de finesse avec lui. « Ceux, dit M. Hatin, qui ont été
appelés à veiller à la rédaction d'un journal savent
combien, sous une plume malveillante, la langue
française a de ressources et d'adresses cachées.
Etienne en fit plus d'une fois la fâcheuse épreuve. »
Tantôt deux innocents articles prenaient par leur
rapprochement une couleur factieuse, par exemple
ceux-ci : on lit dans le premier : « Il est arrivé de
« Grenoble une partie de la collection des statues
« antiques de la villa Borghèse ; » dans le second :
« On imprime dans ce moment une traduction de
« la harangue de Cicéron contre les vols de Verrès,
« intitulée les *Statues ;* » tantôt un extrait d'un
journal étranger empruntait à une circonstance
particulière une signification politique, tantôt un

mot changé au dernier moment révélait l'allusion imprévue et changeait en épigramme aiguë la louange la plus caressante.

L'orage le plus violent qui s'éleva contre Etienne fut celui que fit naître la publication d'un article de la *Gazette de Bayreuth*. C'était à la fin de 1808. On était à la veille de cette fameuse campagne de 1809 qui devait conduire Napoléon jusque dans les murs de Vienne, et l'article en question insinuait une éventualité de rupture entre la France et l'Autriche, éventualité conforme à la vérité et déjà devenue plus précise par la froideur et l'acrimonie des rapports entre les deux nations ennemies. Il n'importe. Etienne fut traité avec la dernière sévérité, et le *Journal de l'Empire* publia dans ses colonnes un article du *Moniteur* finissant par ces mots :

« Nous désirons que ce salutaire exemple (la
« *Gazette de Bayreuth* venait d'être, disait-on plus
« haut, supprimée) puisse servir au rédacteur. Le
« commerçant, le citoyen, le spéculateur honnête,
« ont le droit de demander justice contre ce concours
« d'intrigants qui voudraient obscurcir la vérité et
« semer partout l'alarme. »

Il fit humblement observer que, dès qu'il avait connu la fausseté de la nouvelle (qui était vraie), il s'était hâté de la démentir.

Pendant qu'Etienne était en butte aux tracasseries du pouvoir, les littérateurs ne cessaient, de leur côté, de l'accabler du poids de leur haine, le rendant responsable des exécutions littéraires. Il ne faut pas l'oublier, le *Journal de l'Empire,* si terne comme œuvre politique, tenait le plus haut rang comme œuvre littéraire et maniait d'une main fort rude la férule de la critique.

Étienne ne méritait point cette injuste haine, lui qui permit toujours qu'on attaquât ses ouvrages, lui qui apposa son *visa* à plus d'un article où ses comédies étaient rudement malmenées; la liberté était absolue en matière littéraire sous sa direction et chacun imprimait ses opinions personnelles.

Néanmoins ce journal excitait toujours l'envie et la convoitise de ceux que M. Nettement nomme « les jacobins et les philosophes, » et comme l'avait écrit Fiévée : « On voulait la spoliation du *Journal des Débats,* et non qu'il devînt le *Journal de l'Empire.* »

Au moment où l'Empire était à son apogée, où la dynastie impériale semblait à jamais consolidée dans cette France immense, taillée à coups d'épée, la défiance de l'Empereur envers la presse fut sollicitée de nouveau. Ce n'était plus la crainte de son influence qu'on réveilla chez lui, ce fut l'idée de fortifier l'autorité en diminuant le nombre des journaux, pour l'amener à cette unité chimérique qu'il regardait comme le critérium d'un bon gouvernement.

On profita alors des divers décrets qui réduisirent le nombre des journaux et réglementèrent la presse à nouveau pour transformer l'arme politique de l'autorisation et de suppression en moyen de spoliation, et, ainsi, des dépouilles des suspects on enrichissait les défenseurs du pouvoir et les censeurs eux-mèmes.

Bertin l'aîné, qui vivait dans l'exil, Bertin de Vaux et leurs associés au titre de propriétaires du *Journal de l'Empire*, étaient plus que suspects. Leur propriété fut purement et simplement confisquée et réunie au domaine de l'État. Tout fut pris : argent en caisse, argent chez Bertin de Vaux, papiers, meubles, tout. Jamais spoliation ne fut plus complète. Nulle indemnité ne fut offerte à ceux qu'on dépouillait ainsi. Ils se laissèrent dépouiller et se turent.

L'Empereur n'avait-il pas promis « de rendre « cette propriété aussi solide qu'un fonds de terre? »

Voici le texte du décret qui consomma cet acte inouï; il est du 18 février 1811 ; nous l'empruntons à M. de Sacy :

« Considérant que les produits des journaux ou feuilles périodiques ne peuvent être une propriété qu'en conséquence d'une concession expresse faite par nous ;

« Considérant que le *Journal de l'Empire* n'a été concédé par nous à aucun entrepreneur ; que les entrepreneurs actuels ont fait des bénéfices considérables par suite de la suppression de trente journaux, bénéfices dont ils jouissent depuis un grand nombre d'années et qui les ont indemnisés bien au-delà de tous les sacrifices qu'ils peuvent avoir faits dans le cours de leur entreprise ;

« Considérant, d'ailleurs, que nou-seulement la censure, mais même tous les moyens d'influence sur la rédaction d'un journal ne doivent appartenir qu'à des hommes sûrs, connus par leur attachement à notre personne et par leur éloignement de toute correspondance et influence étrangère ;

« Nous avons décrété et décrétons ce qui suit :

« Art. 1er. L'entreprise du *Journal de l'Empire* est concédée à une société d'actionnaires, qui sera composée de vingt-quatre actions.

« Art. 2. Les bénéfices de l'entreprise seront, en conséquence, partagés en vingt-quatre parties égales, formant autant de parts que d'actions.

« Art. 3. Sur les vingt-quatre actions, huit seront attribuées à l'administration générale, et perçues par notre ministre de la police. Leur produit sera affecté à servir les pensions qui seront données par nous, sur le produit desdites actions;

à des gens de lettres, à titre d'encouragement et
de récompense.

« Art. 4. Les seize autres actions seront distri-
buées par nous à des personnes pour récompense
des services qu'elles nous auront rendus.

« Art. 5. Ceux de nos sujets en faveur de qui
nous en aurons disposé jouiront, leur vie durant,
de la part des bénéfices revenant à chaque action.
A leur décès, lesdites actions rentreront à notre
disposition, pour être données de la même manière.

« Art. 6. Les actionnaires auront l'administration de l'entreprise, approuveront les marchés et
toutes dépenses quelconques; nommeront l'imprimeur, le caissier, l'agent comptable et les collaborateurs. Le ministre de la police aura un commis-
saire pour représenter les actionnaires des huit
actions retenues.

« Art. 7. Notre ministre de la police est chargé
de l'exécution du présent décret.

« Signé Napoléon.

« Par l'Empereur,

    « Le ministre secrétaire d'État,

        « Duc de Bassano. »

Un second décret parut le 24 février, qui dési-
gnait les titulaires des seize actions et le nombre
à chacun affecté; c'étaient: Boulay de la Meurthe,

Bérenger, Corvetto, Réal, Pelet de la Lozère,
Fiévée, Mounier, Anglès, Rémusat, Costaz, Saul-
nier, Denon, Desmarets, Treilhard, Beausset, de
Gerando, et plus tard Pasquier, «qui, dit M. Net-
« tement, dans les premiers jours de la Restaura-
« tion, fit réclamer à la caisse du journal un tri-
« mestre qu'il avait oublié de faire toucher, au
« milieu de la crise de l'invasion : exactitude fis-
« cale qui excita la gaieté des salons politi-
« ques. »

« On peut se demander, dit M. de Sacy, dans sa
biographie de Bertin, quelle était la raison secrète
de cette infatigable persécution contre les propriétaires du *Journal des Débats*, et en particulier contre Bertin, qui, depuis longtemps, avait perdu
toute influence sur la rédaction de son journal.
L'Empereur regardait Bertin comme son ennemi,
et il est vrai qu'en cela l'Empereur ne se trompait
pas. Les excès de la Révolution, en jetant Bertin
dans la réaction royaliste, ne l'avaient pourtant
pas réconcilié avec le despotisme. Peu d'hommes
étaient moins faits que lui pour se résigner tranquillement à l'obéissance passive et au régime
militaire. Bertin était l'ami de Chateaubriand et
de tous les hommes de lettres qui dirigeaient contre l'esprit impérial la seule opposition qui fût
possible alors, une opposition littéraire. Cette opposition avait été introduite par lui dans le *Journal*

des Débats dès l'origine : elle y était restée, forte du talent des rédacteurs et protégée par la faveur publique. Bertin en était l'âme : on la frappait, on la poursuivait en lui. »

Cette inique mesure atteignit d'autres journaux encore, et entre eux celui de Rœderer et du duc de Bassano, peu suspects d'hostilité à l'Empereur. La presse se traîna languissante et sans séve jusqu'à la fin du règne impérial. Le *Journal de l'Empire* n'est plus qu'un miroir où se reflète la pensée du prince. Les vers et la prose célèbrent dans ses colonnes la gloire de Napoléon, la paix avec l'Autriche, le mariage de l'Empereur, les fêtes d'Erfurth ; les cérémonies de la Cour défilent devant nous pâles et sans vie sous les oripeaux de leur pompe.

Tandis qu'un duel terrible se dénoue dans les plaines glacées de la Russie, le *Journal de l'Empire* engage une polémique avec la *Gazette de France* sur une question musicale.

L'incendie de Moscou étend ses lueurs sinistres sur le monde consterné et la *Gazette* dit à son adversaire :

> Vante moins ta légèreté ;
> Sois plutôt pesant, mais solide.
> Le beau mérite en vérité
> D'être léger quand on est vide.

8

Le *Journal de l'Empire* répond :

> Pierre Dandin de la musique,
> Aux doux chants de Grétry, juge insensible et sourd,
> Malgré les lois de la physique,
> Va prouver qu'on peut être à la fois vide et lourd.

Cependant un reste de liberté persiste encore dans le feuilleton, mais il expire avec Geoffroy qui, avec le rare à-propos qu'il mettait à toute chose, meurt quelque temps avant la chute de Napoléon.

Avant de passer outre, il nous paraît convenable de résumer succinctement la part qui revient à la littérature dans cette grande bataille de l'Empire qui aboutit à la Restauration. Il y avait deux littératures parfaitement tranchées et formant deux camps ennemis. L'Empereur du reste n'ignorait point cet état de choses : dans une conversation avec M. de Fontanes, il expose amèrement la situation : « Il y a, lui dit-il, deux littératures en France, la petite et la grande ; j'ai la petite, mais la grande n'est pas pour moi. » Cependant tout en sachant parfaitement à quoi s'en tenir sur ses intentions, il laissait faire la grande littérature, il la patronnait, il lui accordait des honneurs à défaut de grandes places, parce qu'elle entrait dans ses vues en reconstituant un à un les principes monarchiques, mais il s'aveuglait sur son compte quand il espérait pouvoir l'arrêter si elle allait trop loin, sans prétendre toutefois à user, dans l'occasion, des moyens employés par le général Bonaparte et dont parle Chateaubriand. « La police de Bonaparte entendait à demi-mot, dit-il; le donjon de Vincennes, les déserts de la Guyane et la plaine de Grenelle attendaient encore, si besoin était, les écrivains royalistes. »

La police est ingénieuse dans ses interprétations et les écrivains hostiles à l'Empereur avaient besoin d'une prodigieuse subtilité de talent pour dépister ses limiers si mal disposés en leur faveur, et plus mal disposés encore quand les revers compromirent la fortune de l'Empereur, quand la campagne de 1813 eut mortellement blessé l'aigle impériale, quand arriva *le commencement de la fin;* quand, enfin, la réaction légitimiste releva audacieusement la tête et cracha sans pudeur à la face du vaincu désarmé qui, revenu de son erreur, disait un jour à M. de Narbonne, à propos d'une réimpression de quelques pages de Balzac : « Décidément la censure bénévole ou officielle n'est bonne à rien. »

Qu'on relise dans les *Mémoires d'Outre-Tombe* l'assertion de Chateaubriand, affirmant, après tant de temps écoulé, les mêmes sentiments qui l'animèrent, dit-il, quand il écrivit ce terrible article

commençant par ces phrases sur Néron : « *Lorsque,
dans le silence de l'abjection, l'on n'entend plus re-
tentir que la chaine de l'esclave et la voix du déla-
teur, etc.* »

Eh bien ! ces sentiments étaient partagés par
toute la haute littérature, et l'Empereur n'avait
pour le défendre que les écrivains obscurs qui, à
défaut de talent, lui faisaient volontiers litière de
leur dévouement.

Malheureusement, cela ne suffit pas, surtout
dans les temps malheureux où le salut ne se trouve
que sous une plume ou sous une épée tenue par
un bras puissant animé du feu du génie.

Le sceptre glissait entre les doigts de Napoléon.
La haute littérature n'avait cessé de l'user au frot-
tement de ses passions et de ses idées. Elle en pré-
cipita la chute. Et quand le terrible athlète fut à
terre, elle ne craignit pas de l'insulter. C'était user
de représailles, soit, mais c'était en user un peu
cruellement. La Liberté ne s'élève point sur la
boue dont on couvre les oppresseurs, elle ne gran-
dit que par les vertus de ses apôtres. C'est lui
rendre un culte qu'elle rejette que de souiller son
autel.

Le jour où l'Empereur, entassant prodiges sur
prodiges, avec une poignée de braves, défendant
pied à pied le sol de la patrie, fit un suprême
appel au patriotisme des journaux, la grande

littérature avait un beau rôle : elle n'en voulut
point ; elle resta muette, et ne retrouva sa voix
que pour chanter l'entrée des armées alliées dans
Paris.

. . . .

Après tout, on était si las du despotisme ! on
avait été si longtemps bâillonné ! on était mort,
on voulait revivre, et revivre à tout prix !...

CHAPITRE VIII.

Première Restauration. — Bertin rentre en possession de
son journal, qui reprend son nom de *Journal des Débats.*
— Royalisme de cette feuille; elle tire à 27,000 exem-
plaires. — Contradictions apparentes. — Un article du
Nain Jaune. — Quelques lignes de Benjamin Constant. —
Les actes insensés de la réaction royaliste changent l'af-
fection pour les Bourbons en haine implacable. — Retour
de l'île d'Elbe. — Illusions des royalistes et du *Journal des
Débats.* — Promesses libérales de l'Empereur. — Articles
de Benjamin Constant et de Ch. Nodier. — Article du
Journal de l'Empire du 21 mars. — Les Cent-Jours. —
Sincérité du libéralisme de l'Empereur. — Article 64 de
l'Acte additionnel. — Fautes du parti constitutionnel. —
Conversation de Napoléon et de Benjamin Constant. —
Langage élevé du *Journal de l'Empire.* — Le *Moniteur de
Gand.*

« Le 30 mars 1814, dit M. de Sacy, la chute de
l'Empereur était consommée par la prise de Paris.
Bertin, son frère et leurs associés, sans demander
la révocation de l'acte arbitraire qui les avait dépouillés, n'eurent qu'à se présenter au *Journal des*

Débats pour rentrer dans la jouissance de leurs droits. Un acte du gouvernement provisoire régularisa, quelques jours plus tard, cette reprise de possession. »

« La Restauration comblait les vœux de Bertin. Il en embrassa la cause avec chaleur comme, vingt années avant, il avait embrassé celle de· la Révolution,· pure d'excès, et promettant un âge de philosophie et de liberté. La politique reparut dans le *Journal des Débats*, qui eut alors un immense succès ; on le tirait à 27,000 exemplaires, nombre énorme pour ce temps-là. »

Le *Journal des Débats* reprit son ancien titre et vit revenir à lui tous les anciens rédacteurs qui l'avaient quitté au moment du décret du 18 février 1811. Il devint alors l'organe d'un parti moyen entre les royalistes exaltés et les partisans de la République et de l'Empire, parti disposé à transiger avec l'esprit du siècle, et à faire grâce aux institutions nouvelles, mais animé d'ardents sentiments monarchiques, et d'une haine non moins vive pour les révolutionnaires.

On comprend qu'il devait résulter du heurt de ces passions et de ce bon sens d'étranges contrastes et de singulières contradictions. Il n'y a qu'à parcourir le *Journal des Débats* de cette époque pour en rencontrer de fréquents exemples.

Ainsi, contre les royalistes purs, il défend la

liberté de la presse et les assemblées représentatives en même temps qu'il prodigue l'outrage à ceux à qui la France devait les assemblées représentatives et la liberté de la presse.

Aucun de ceux qui, depuis vingt-cinq ans, avaient mis les mains aux affaires publiques ne trouva grâce devant lui, et le premier de tous, Napoléon, devient sous la plume des rédacteurs, non-seulement un despote odieux, un tigre altéré de sang, mais un lâche et un imbécile.

Toujours rédigé avec le même talent, le *Journal des Débats* exerçait une influence décisive, et l'opinion publique, qui voyait exprimés si bien ses sentiments, lui continuait le succès.

Le premier numéro du *Nain Jaune*, du 15 décembre 1814, donne la clef des signatures monogrammatiques sous lesquelles se cachaient les principaux journalistes, et crayonne ainsi la silhouette de leur talent et de leur caractère :

JOURNAL DES DÉBATS.

A. — M. l'abbé de Feletz. La bonne foi, le génie et la candeur de ce journaliste sont passés en proverbe; on l'a comparé à l'animal dont il porte le nom latin, et c'est pour cela qu'on le jette aux jambes des philosophes, après lesquels il miaule depuis vingt ans.

C. — M. Duvicquet, ex-administrateur, ex-fournisseur, ex-législateur, ex-littérateur.

H. — M. Hoffmann. Ce n'est pas un journaliste ordinaire : il a de l'instruction, de l'esprit et
de l'intégrité. On lui reproche de viser un
peu trop à l'effet, et son style serait quelquefois plus piquant, s'il y avait moins de
recherche. C'est une des dernières colonnes
du *Journal des Débats*, où il est rentré depuis
quelque temps ; cependant, ses nouveaux
articles n'ont pas entièrement rappelé l'écrivain auquel on doit la critique des *Martyrs* et du système du docteur Gall.

L. — M. Villemain, professeur de rhétorique au
lycée Charlemagne, auteur d'un éloge de
Montaigne et d'une oraison funèbre inédite
du duc de Frioul. Il a été couronné à l'Institut, en présence des souverains alliés,
pour un *discours sur les avantages et les inconvénients de la critique*. On croit qu'il
traiterait beaucoup mieux la dernière partie
de son sujet depuis qu'il est au *Journal des
Débats*.

On sent bien qu'en relevant cet article d'un journal bonapartiste, je n'ai pas prétendu donner
l'expression de l'opinion publique relative aux rédacteurs des *Débats*. On sait de reste que les partis
ne se piquent pas d'impartialité. Cet extrait du ma-

licieux journal, ces petits croquis tracés avec une pointe d'aiguille sur l'épiderme sensible des gens de lettres, donne une idée assez exacte des relations littéraires à cette époque et de la bienveillance relative que le *Journal des Débats* trouvait, par sa sagesse et sa prudence, chez ceux même qu'il attaquait avec le plus d'énergie, mais dont il servait activement la cause, en suite de cette contradiction dont je parlais plus haut.

Benjamin Constant avait écrit dans les *Débats* à la date du 20 avril 1814 :

« La Révolution de 1814 réunit les avantages de la révolution anglaise de 1660 et ceux de la révolution de 1688. »

Ces mots s'étaient trouvés à l'aurore de la Restauration l'expression du sentiment public, et de quelque façon qu'on juge cette époque, on ne peut se dissimuler que le retour des Bourbons ne fut d'abord favorablement accueilli et que ses premiers actes ne promirent une ère nouvelle de paix, de bonheur et de liberté après laquelle la France épuisée soupirait ; espérance caressée qui faisait oublier jusqu'aux hontes de l'invasion ; espérance qui calmait les frémissements du peuple au contact de l'étranger ; espérance bientôt déçue par les actes inconstitutionnels du pouvoir, et les tentatives insensées de la réaction royaliste, qui transformèrent sans transition l'affection pour les Bourbons en

haine implacable, et les replaça encore une fois, fu-
gitifs et impopulaires, sur le chemin de l'exil.

Et les royalistes gardèrent jusqu'au dernier moment leurs illusions. Napoléon débarquait au golfe
Jouan, traversait la France, et n'était plus qu'à
quelques étapes de Paris, qu'ils rendaient grâce à
la fortune, « puisque l'usurpateur venait se livrer
lui-même et donner le moyen d'en finir une bonne
fois avec lui. » Ce fut à qui se moquerait avec le
plus de gaieté du « lâche guerrier de Fontainebleau, du poltron de 1814. »

Le *Journal des Débats*, pris de vertige, se distin-
gua par la véhémence de ses attaques et le sel de
ses plaisanteries. Le 19 mars, il annonçait que *la dé-
sertion continuait d'une munière étonnante dans la
petite troupe de Buonaparte.*

On sait avec quelle étonnante rapidité s'avan-
çait le grand capitaine, ramené triomphalement
par ses soldats. Les mères et les veuves oubliaient
leurs fils et leurs époux couchés sur les champs de
bataille, le peuple oubliait quatorze ans de tyrannie pour ne se souvenir que de l'origine de
l'Empereur. On l'accueillait partout comme un li-
bérateur. Les fautes des Bourbons, les prétentions
insensées du clergé et de la noblesse avaient fait
oublier tous les griefs contre lui. Ce n'était plus le
maître altier et ombrageux, le conquérant qui
mettait les générations en coupe réglée, et du

tranchant de sa volonté comme du tranchant de son épée taillait dans les droits des citoyens comme il taillait dans les États des rois vaincus, c'était le défenseur des conquêtes de la Révolution.

Dans Paris néanmoins, agité de sentiments divers, les bonapartistes travaillaient activement à la restauration impériale, et les républicains s'étaient ralliés à eux. Les constitutionnels, au contraire, se montraient les plus ardents à repousser Napoléon.

Sans doute on n'avait pas grande foi dans les promesses de l'Empereur; comme Louis XVIII, il promettait la paix, il promettait la liberté; dans toutes ses allocutions il ne parlait que de son inébranlable volonté de rendre la France *libre* et *heureuse.*

Le 19 mars, Benjamin Constant écrivait dans les *Débats* ce foudroyant article contre l'Empereur :

. . . .

« Il s'agit de tous nos intérêts, de nos femmes,
« de nos enfants, de nos propriétés, de la liberté,
« de notre industrie, de nos opinions, de notre
« parole et de notre pensée. L'homme qui nous
« menace avait tout envahi : il enlevait les bras à
« l'agriculture; il faisait croître l'herbe dans nos
« cités commerçantes; il traînait aux extrémités
« du monde l'élite de la nation, pour l'abandonner
« ensuite aux horreurs de la famine et aux rigueurs
« des frimas. Par sa volonté, douze cent mille

« hommes ont péri sur la terre étrangère, sans
« secours, sans aliments, sans consolation, désertés
« par lui, après l'avoir défendu de leurs mains
« mourantes. Il revient aujourd'hui, pauvre et
« avide, pour nous arracher ce qui nous reste
« encore; les richesses de l'univers ne sont plus à
« lui; ce sont les nôtres qu'il veut dévorer. Son
« apparition, qui est pour nous le renouvellement
« de tous les malheurs, est pour l'Europe un
« signal de guerre : les peuples s'inquiètent, les
« puissances s'étonnent; les souverains devenus
« nos alliés par son abdication sentent avec dou-
« leur la nécessité de redevenir nos ennemis; au-
« cune nation ne peut se fier à sa parole; aucune,
« s'il nous gouverne, ne peut rester en paix avec
« nous. Du côté du roi est la liberté constitution-
« nelle, la sûreté, la paix; du côté de Bonaparte,
« la servitude, l'anarchie et la guerre. »

C'est Attila, c'est Gengiskan, dit-il plus loin,
plus odieux et plus terrible, parce que les ressources de la civilisation sont entre ses mains : il les
prépare pour organiser le massacre et pour admi-
nistrer le pillage. Mais la France n'est pas assez
abjecte pour tendre ses bras aux fers de cet homme :
ce serait devenir la risée du monde après en avoir
été la terreur, et se reconnaître même pour une
nation d'esclaves. Qu'oserait-elle dire à ce roi dont
le règne d'une année n'a pas fait couler autant de

larmes qu'un seul jour du règne de Bonaparte, à ce roi si bon, si sensible, si constamment noble ? Après l'avoir étourdi par leurs acclamations bruyantes, les Français l'abandonneraient-ils pour se prosterner aux genoux de cet homme, teint de leur sang et poursuivi naguère de leurs malédictions unanimes?

Puis il ajoutait :

« Non, tel ne sera pas notre langage, tel ne sera
« pas du moins le mien. Je le dis aujourd'hui,
« sans crainte d'être méconnu : j'ai voulu la
« liberté sous diverses formes ; j'ai vu qu'elle était
« possible sous la monarchie ; je vois le roi se
« rallier à la nation : je n'irai pas, misérable
« transfuge, me traîner d'un pouvoir à l'autre,
« couvrir l'infamie par le sophisme, et balbutier
« des mots profanes pour racheter une vie hon-
« teuse. »

De telles paroles laissent loin derrière elles le pamphlet fameux de Chateaubriand.

« Cette imprécation, dit M. Duvergier de Hau-
« ranne, produisit un effet considérable. Benjamin
« Constant ne passait pas pour un héros, et on
« s'imaginait difficilement qu'il eût jeté un tel
« défi à Napoléon si Napoléon eût été à la veille
« de redevenir empereur. »

Tout porte à croire que cet article lui fut inspiré par madame de Staël. Plus tard, on l'accusa d'avoir reçu pour sa composition *plusieurs sacs de mille francs* de M. Lainé.

On était au 18 mars. Comme on le voit, le parti constitutionnel avait des illusions aussi robustes que celles des royalistes ultra. Il affirmait avec eux, par la voix du *Journal des Débats,* que les *brigands* de Bonaparte étaient cernés; que leur chef *s'était réfugié sur la crête des montagnes,* et que les paysans s'armaient *partout pour lui courir sus.*

Le 20, les *Débats* publient un article plus violent encore, que M. Hatin croit écrit par Charles Nodier.

Le 21, on lit dans la même feuille :

« La famille des Bourbons est partie cette nuit « de Paris; on ignore encore la route qu'elle a « prise.

« La capitale offre aujourd'hui l'aspect de la « sécurité et de la joie. Les boulevards sont « couverts d'une foule immense, impatiente de « voir arriver l'armée et le héros qui lui est rendu. « L'Empereur a traversé deux cents lieues de pays « avec la rapidité de l'éclair, au milieu d'une po- « pulation saisie d'admiration et de respect, pleine « du bonheur présent et de la certitude du bon- « heur à venir. »

Il ne faut pas oublier que le 20 c'était le *Journal des Débats* qui parlait, et que le 21 c'était le *Journal de l'Empire.* Le *Journal des Débats* a suivi les

Bourbons dans la personne des frères Bertin : il devient le *Moniteur de Gand*.

Le 25 mars, Napoléon avait par un décret supprimé la direction de l'imprimerie et de la librairie et la censure. C'eût été là un gage sérieux de sa volonté de tenir ses promesses libérales, si d'autres décrets n'avaient maintenu jusqu'à nouvel ordre les lois et règlements concernant les imprimeurs et les libraires, et placé les journaux de Paris sous la surveillance du ministre de la guerre, et ceux des départements sous la surveillance des préfets. Il faut reconnaître du reste que ces restrictions avaient un caractère essentiellement provisoire; les circonstances suffisaient à les expliquer. La police n'usa de son pouvoir qu'avec une mansuétude attestée par les journaux même les plus hostiles au gouvernement impérial.

Le *Journal de l'Empire* célébrait la révolution du 20 mars. Ce n'est point, disait-il, les quatre cents braves de l'île d'Elbe qui ont renversé les Bourbons; c'est la France trompée dans ses espérances, privée de ses droits, la France qui veut la liberté, et qui l'aura, grâce à Napoléon.

Le parti constitutionnel fit à cette époque faute sur faute; il compromit par son opposition déraisonnable et systématique le retour de la liberté et força l'Empereur dont la sincérité était peut-être réelle à revenir le 7 juin, à la suite du rapport sur

la situation intérieure présenté par Carnot quelques
jours après, sur ses libérales résolutions. Les motifs de sa conversion à des principes qu'il avait re-
poussés pendant quinze ans furent expliqués par
lui, dans une conversation avec Benjamin Constant, « un des hommes qui avaient le plus énergiquement combattu son retour, qui l'avaient dé-
noncé à l'Europe comme un monstre souillé de
crimes, et qu'il venait de charger de rédiger la
nouvelle constitution. »

M. de Vaulabelle à qui j'emprunte ces lignes a
stigmatisé ce parti qui se décorait du nom de
libéral.

« Ce parti, dit-il, emporté par sa juste aversion
« pour la dictature impériale, sacrifia à ce souve-
« nir les intérêts les plus chers du pays; après
« Waterloo, il fut sans lumières, sans intelligence
« patriotique, sans courage, et se rendit complice
« de l'étranger. »

« J'ai voulu l'empire du monde, avait dit Napoléon à Benjamin Constant, et pour me l'assurer
un pouvoir sans bornes m'était nécessaire. Pour
gouverner la France seule, il se peut qu'une constitution vaille mieux..... Voyez donc ce qui vous
semble possible, apportez-moi vos idées; *des discussions publiques, des élections libres, des ministres
responsables, la liberté de la presse,* je veux tout
cela... La liberté de la presse surtout : l'étouf-

FER EST ABSURDE, je suis convaincu sur cet article. »

Napoléon, je le répète, était peut-être sincère et ce n'était pas la première fois qu'il s'avouait convaincu sur cet article; déjà, dans une autre conversation célèbre en 1813, il s'en était ouvert avec M. de Narbonne.

Les Cent-Jours furent, en effet, pour la presse une période de liberté illimitée consacrée par l'article 64 de l'acte additionnel.

Le *Journal de l'Empire* défendit l'acte additionnel attaqué par le ban et l'arrière-ban des libéraux. Il reconnaissait que parmi les critiques il y en avait de fondées; mais qu'en somme les vrais principes du gouvernement représentatif s'y trouvaient renfermés. Il parlait ce langage digne d'être entendu :

« On menace de nous attaquer parce que nous
« voulons avoir un gouvernement à nous, parce
« que nous ne voulons pas avoir remis en danger
« ce que vingt-cinq ans ont consacré, parce que
« nous avons pour chef un homme qui fut dans
« tous les temps le représentant de tous les inté-
« rêts de la Révolution, et qui, éclairé par l'expé-
« rience, est aujourd'hui, ne fût-ce que par sa
« position seule, le soutien de tous les principes
« de liberté. On menace de nous attaquer parce
« que nous voulons préserver le paysan de la
« dîme, le protestant de l'intolérance, l'acquéreur

« des biens nationaux de la spoliation, la presse
« de la censure, le citoyen des lettres de cachet,
« l'armée de l'insulte et de la misère, le plébéien
« des outrages des privilégiés, en un mot, cette
« foule immense qui a pris part à nos longs ora-
« ges, d'une prescription lente et calculée qui
« nous trompait pour nous avilir et nous avilissait
« pour nous frapper. »

Mais l'heure de l'Empire était venue et le pays
resta sourd à cette voix.

Pendant ce temps le *Moniteur de Gand* repro-
duisait les attaques dirigées contre l'Empereur par
les journaux libéraux, comme une preuve de l'ir-
ritation causée dans toutes les classes *par l'intolé-
rable tyrannie de la soldatesque de l'usurpateur.*

CHAPITRE IX.

Le *Moniteur de Gand* n'était autre chose que le journal officiel de la cour de Louis XVIII, rédigé par Chateaubriand, Lally-Tollendal, de Jaucourt, Beugnot, Bertin l'aîné et son frère. Le premier numéro parut le 14 avril 1815, et portait le titre de *Moniteur universel*. Ce titre fut changé sur les réclamations du gouvernement des Pays-Bas, qui fit observer au roi réfugié que la publication d'un organe officiel dans une ville qui n'était pas française tendait à constituer un gouvernement dans un gouvernement. Le deuxième numéro prit le titre de *Journal universel*, qui lui fut conservé jusqu'à la fin.

Le premier numéro annonce la composition du ministère et l'arrivée à Gand des ministres d'Angleterre, de Russie et des Pays-Bas. Il contient deux ordonnances qui défendent à tout Français de payer l'impôt ou d'obéir à l'usurpateur. Le Roi, y lit-on encore, ne peut se montrer en public sans attirer sur ses pas une foule empressée : *hommage bien différent des acclamations qu'arrache à une multitude armée la présence d'un Genséric ou d'un Attila, prêt à donner à ses soldats le signal du* MAS-SACRE *et du* PILLAGE.

On y trouve en outre le manifeste des puissances européennes contre Buonaparte : elles disent *qu'il s'est placé hors des relations civiles et sociales, et que, comme ennemi et perturbateur du monde, il s'est livré à la vindicte publique.* Au bas de cette pièce, qui déclare la guerre à la patrie, figurent les signatures de MM. de Talleyrand, de Dalberg, de Latour du Pin, de Noailles pour Sa Majesté Louis XVIII, à côté de celles de Metternich et de Wellington. Puis vient un commentaire où, après avoir comparé

9.

Napoléon à Caïn, le *Journal universel* ajoute :

« Mais le courroux céleste n'avait alors qu'un
« crime à punir et qu'une victime à venger : au-
« jourd'hui c'est le meurtrier de l'espèce humaine
« qui a été mis hors des droits de l'humanité.
« L'Europe a maudit le *flibustier* qui, *tout à la fois*
« *ingrat, parjure et féroce*, vient chercher dans
« l'oppression de la France un moyen d'opprimer
« l'Europe. La société humaine a rejeté hors de
« son sein et de sa communion celui à qui on avait
« laissé la vie après tant d'assassinats, des trésors
« après tant de spoliations... Marqué du sceau
« brûlant de cette proscription universelle, de
« cette réprobation finale, le coupable a senti
« combien sa puissance allait en être ébranlée : il
« a cherché sa première défense dans cette habitude
« de mensonge inhérente à son caractère, qui
« rend son joug aussi dégradant à subir qu'odieux
« à supporter. Ces journalistes qu'il affranchit de
« la censure par un décret, mais qu'il punirait
« d'une désobéissance par le cordon de ses mame-
« loucks ou la baïonnette de ses prétoriens, il leur
« a ordonné de mentir à la France entière, et ils
« ont annoncé d'abord que cette incontestable
« déclaration du congrès de Vienne contre l'enne-
« mi et le perturbateur du monde était une impos-
« ture forgée par les Bourbons. La fraude ne pou-
« vait durer longtemps : la vérité a retenti et

« pénétré... Alors, dans cette *bande de malfaiteurs*
« qu'il appelle ses publicistes, l'usurpateur en a
« cherché un pour travailler avec lui une réponse
« à la déclaration du congrès..... »

Le numéro du 12 mai contient le fameux rapport de Chateaubriand au Roi sur l'état intérieur et extérieur de la France.

Le dernier numéro est du 21 juin.

Le rouge de la honte nous monte au front quand nous y lisons ces lignes qui rendent compte de la bataille de Waterloo, cette *grande victoire :*

« La victoire la plus complète vient d'être rem-
« portée sur l'ennemi et l'oppresseur de-la France
« par une partie des forces destinées à châtier le
« perturbateur de la paix publique... La journée
« du 18 juin a terminé de la manière la plus heu-
« reuse pour les alliés la lutte sanglante et opi-
« niâtre qui durait depuis le 15. L'audace de l'u-
« surpateur, son plan d'agression, médité avec
« une longue réflexion, exécuté avec cette activité
« dévorante qui le caractérise et que redoublait la
« crainte d'un irréparable revers, *la rage féroce de*
« *ses complices, le fanatisme de ses soldats, leur*
« *bravoure digne d'une meilleure cause ; tout a cédé*
« *au génie du duc de Wellington, à cet ascendant*
« *d'une véritable gloire sur une détestable renommée.*
« *L'armée de Buonaparte, cette armée qui n'est plus*
« *française que de nom, depuis qu'elle est la ter-*

« *reur et le fléau de la patrie, a été vaincue et*
« *presque anéantie.....* Nous attendons à tout mo-
« ment des particularités de cette *grande vic-*
« *toire,* qui est décisive pour l'issue de cette
« guerre *sociale,* dont elle doit avancer l'heureux
« terme. »

Ce *Moniteur de Gand* a une importance capitale
à cause des documents de toute nature qu'il contient. Il a été réimprimé en 1825 comme un ap-
pendice au *Moniteur universel.* Nous avons pensé
que son histoire n'était pas moins liée au *Journal
des Débats,* à cause des noms de ses éditeurs et de
ses rédacteurs. Le *Journal des Débats,* d'ailleurs,
est animé du même esprit, dans les premiers temps
de la Restauration, et il conserve ce ton et cette
allure jusqu'aux jours où il reprend devant l'histoire la place illustre qu'il occupe depuis tant
d'années.

L'inévitable confusion qui accompagne l'instal-
lation d'un pouvoir nouveau se retrouve dans toutes
les classes de la nation et dans tous les ordres d'i-
dées. Le *Journal des Débats,* rentrant en quelque
sorte dans son enveloppe comme Louis XVIII dans
son palais, ne fut pas exempt du trouble insépa-
rable d'une restauration et, n'ayant pu encore mû-
rement peser la ligne de conduite qu'il avait à tenir, il continua celle qu'il avait suivie à Gand.
Chaque jour il exprime sa haine pour le parti

écrasé, et son enthousiaste admiration pour l'étranger vainqueur.

Il y a bien des pages qu'on voudrait pouvoir effacer du *Journal des Débats*, celles notamment où les flatteries les plus basses sont adressées au magnanime Alexandre, et au non moins magnanime successeur de Frédéric le Grand, où Chateaubriand, dans une triste lettre, loue ce lord Wellington « qui retrace d'une manière si frappante les vertus de notre Turenne. »

Napoléon vaincu y est traité comme un monstre.

« Lorsque, le 20 mars, le tyran, protégé par une
« soldatesque parjure, vint usurper la place dans
« un palais en deuil et dans une capitale orpheline,
« il enveloppa son entrée des ombres de la nuit, il
« arriva seul avec le cortége de ses complices et de
« ses crimes.....

« Une poignée de terroristes relaps, quelques
« douzaines de courtisans et de gens d'affaires avi-
« des et éhontés qui ont lié leur fortune aux suc-
« cès de l'usurpateur, et un nombre, plus petit
« encore, de sicaires fanatiques, stupidement en-
« thousiastes de l'aventurier qui fut leur chef,
« voilà à quoi se réduit le nombre des coupables
« à punir. S'il était possible d'établir quelque com-
« paraison entre le ciel et l'enfer, quel homme au-
« rait pu se rappeler, sans être saisi d'épouvante,
« qu'à la même place où la physionomie céleste de

« notre père rayonnait de tout l'amour du peuple
« et de toute la sérénité d'une sublime vertu, on
« avait pu voir naguère, caché à demi derrière ses
« odieux satellites, ce Corse au teint de plomb et
« à l'œil de tigre, dont la bouche n'a jamais souri
« qu'au carnage ? Le règne de Bonaparte était le
« plus odieux des opprobres pour quiconque est
« digne d'être Français. Il est impossible de ne pas
« s'occuper encore quelque temps de cet homme
« *dont bientôt on ne parlera plus du tout.*

« La souplesse de jarret avec laquelle il a grimpé
« si rapidement sur l'échelle du *Northumberland*
« ne forme-t-elle pas un contraste assez piquant
« avec la grande résolution qu'il semblait avoir
« prise ? Toutes ces belles menaces de passer de
« cette vie dans l'autre se sont bornées à passer
« du *Bellérophon* sur le *Northumberland,* et à dé-
« ployer dans ce passage tout le talent d'un dan-
« seur de corde. Cet homme est un des meilleurs
« acteurs qui aient paru : le mélodrame lui conve-
« nait comme la farce ; il pleurait avec la même
« facilité qu'un crocodile ! »

Que dire de telles lignes et d'autres encore où
non-seulement le vaincu de Waterloo est traîné sur
la claie, mais où la sainte cause de la patrie est
désertée? On les lit et on passe, de même que dans
un tableau les ombres font plus vivement ressortir
la beauté des lignes et des formes ; de même ici,

ces pages sombres serviront en quelque sorte de repoussoir aux belles pages qui suivront, où le *Journal des Débats* protesta si noblement et avec tant de courage contre les envahissements incessants de la royauté frappée d'aveuglement, contre l'oppression et la tyrannie, au profit de la liberté.

Ses dieux, ses autels dépouillés de tout ce qu'ils avaient d'étranger, d'incertain, ont été purifiés. Les injures contre les bonapartistes, injures qui contribuaient à attiser la haine entre les partis, ont fait place à de nobles protestations.

« Les illusions et l'unanimité de 1814, dit M. de « Sacy, n'avaient duré que bien peu de mois. »

La promulgation de la loi du 9 novembre 1815 fut le point de départ de cette ère nouvelle. La loi du 7 décembre 1818 donna le signal de cette opposition courageuse qui devait reconduire la monarchie nouvelle sur la terre d'exil.

Dès lors, que le *Journal des Débats* défende ou attaque le ministère, il ne se départira jamais, il ne fléchira jamais sur ces deux questions capitales, la liberté de la presse et le gouvernement représentatif. Au milieu de bien des variations, il y est resté constamment fidèle, et aujourd'hui même qu'une nouvelle génération de rédacteurs a pour ainsi dire remplacé les robustes athlètes qui écrivaient aux *Débots* sous la Restauration et le gouvernement de Louis-Philippe, la même pensée les anime et les relie à leurs prédécesseurs.

Bertin, revenu à Paris avec Chateaubriand, avait repris la direction des *Débats*. En récompense de ses services pendant les Cent-Jours, le Roi le fit le censeur de son journal, et nomma Bertin de Vaux, son frère, secrétaire-général de la préfecture de police.

Le journal donne à cette époque le curieux spectacle d'une rédaction mi-partie royaliste, mi-partie ultra et ministérielle. Le public remarquait cette contradiction quotidienne, mais sans la bien comprendre.

« Le vrai libéralisme, dit M. de Sacy, était alors à peine connu. » Les articles de Chateaubriand et de M. de Bonald, qui nous étonnent aujourd'hui par l'injustice de leurs appréciations et leurs termes étranges, anodins au fond, furent à différentes reprises des causes de réprimandes et de suspensions. Frappé par la double destitution de ses deux principaux propriétaires, le *Journal des Débats* reçut un nouveau censeur, l'abbé Mutin.

Le feuilleton du *Journal des Débats* était bien déchu de son ancienne splendeur. Ce n'était plus vers lui que le lecteur jetait aussitôt les yeux. Les passions politiques agitées dans la feuille avaient relégué l'intérêt qu'on y pouvait avoir, au deuxième rang. Du reste, au point de vue littéraire, il n'offrait plus le même attrait. Duvicquet, littérateur estimable mais froid, avait remplacé Geoffroy, et l'uniformité qu'il apportait dans ses articles, quelque sujet qu'il y traitât, en faisait, par l'égalité du ton, un monotone objet de lecture.

Fiévée, Hoffmann, de Feletz, Malte-Brun, Dussault, continuaient à prêter leur concours aux *Débats,* ainsi qu'Étienne. Ce dernier avait dû à l'estime que son caractère inspirait aux frères Bertin de rester, après le 31 mars 1814, attaché à la rédaction littéraire. En même temps les colonnes classiques du journal s'ouvraient aux articles de MM. de Salvandy, Delecluze, Castil-Blaze, Béquet, Victor Leclerc et à ceux du spirituel et aimable romantique, Charles Nodier. En sorte que cette feuille illustre où Hoffmann échangeait avec Victor Hugo ces lettres vives et poignantes que l'on connaît, offrait dans la littérature comme dans la politique un exemple de contradiction.

Ce n'est certes point la phase la moins remarquable de l'histoire du *Journal des Débats* que l'incorporation de cette recrue étrangère, et on peut dire, sans crainte d'être démenti, que son admission fut l'acte qui donna droit de cité à la littérature romantique. Elle eut dès lors ses lettres de marque et put courir au travers de tous les classiques à la façon d'un de ces aventureux corsaires, se mêlant aux vaisseaux de l'État, sans crainte d'être désavoués, même en leur envoyant par malice quelques terribles bordées.

Cependant, la rédaction du *Journal des Débats* est, quant à sa couleur politique, singulièrement terne. Mais il ne faut pas oublier que nous sommes à cette époque où les passions du jour s'asseoient dans les tribunaux sur les siéges des juges, où le ministère public brûle de témoigner son zèle pour le Roi, en lançant ses réquisitoires demeurés fameux.

« Ainsi, dit M. Vaulabelle, on saisissait des arti-
« cles volontairement *supprimés ;* on en punissait
« les auteurs, bien que ces articles n'eussent pas
« été publiés ; toute critique de faits passés ou d'ac-
« tes diplomatiques signés par le Roi était interain-
« dite ; reproduire avec blâme un arrêté ou un
« jugement inique constituait un délit d'autant
« plus grave, que le jugement ou l'arrêté étaient
« plus odieux ; enfin, enregistrer des pétitions aux
« chambres ou des plaintes dénonçant des actes
« arbitraires, sans produire à l'appui, non des co-
« pies authentiques et imprimées, mais un *juge-*
« *ment* ou une *décision* de l'*autorité compétente* dé-
« clarant les *faits* fondés, était un délit. Si cette
« sentence inqualifiable nous était venue dépouillée
« de l'authenticité que lui donne la presse censu-
« rée de l'époque, nous n'y aurions vu qu'une pa-
« rodie composée dans le but de calomnier la jus-
« tice et les juges de 1818, une œuvre de fantaisie

« destinée à faire justice des doctrines émises sur
« la liberté de la presse, dans la session précédente,
« par le garde des sceaux Pasquier. Ce jugement
« n'était pas d'ailleurs un fait isolé (1). »

Enfin, le 22 mars 1819, le garde des sceaux,
M. de Serre, en présentant les lois réglementant
les conditions de publication des journaux, le mode
d'instruction et la pénalité en matière de presse,
lois encore aujourd'hui presque entièrement en
vigueur, assigna à la presse une place légale dans
nos institutions.

Cette ère nouvelle, qui promettait de si féconds
résultats, fut de courte durée. L'assassinat du duc
de Berry l'arrêta presqu'au début.

Ce crime fut mis par les royalistes ultra sur le
compte de la liberté, et devint le prétexte aux mesures arbitraires et oppressives.

Le *Journal des Débats* se signale en cette occasion. Charles Nodier ne craint pas de s'écrier qu'il
a vu la main qui tenait le poignard : « C'est l'idée
libérale. »

Au milieu de ce deuil, dans ses longues lamen-
tations sur ce funeste événement, la joie perce

(1) *Histoire des deux Restaurations*, t. II, p. 394. Il s'agit
ici du jugement rendu, le 24 juillet 1818, par le tribunal
correctionnel de Paris, sur le réquisitoire de M. Marchangy,
contre Chevalier et Reynaud, éditeurs de la *Bibliothèque
historique*.

néanmoins. C'est que le *Journal des Débats* voit enfin tomber sous ses coups le ministre Decazes, son ennemi depuis le jour où il lui a imposé un censeur, et applaudit à l'entrée de MM. Corbière et de Villèle dans le ministère Richelieu.

Le 29 septembre de la même année, il célèbre la naissance du duc de Bordeaux.

Le 30 septembre, c'est la duchesse de Berry qui excite ses transports.

Les vers et la prose servent à l'envi à exprimer son dévouement à la royauté et son allégresse.

Mais nous touchons à l'époque où le *Journal des Débats* commença à exercer cette influence extra-ordinaire qui fut si fatale à la maison de Bourbon.

CHAPITRE X.

Le ministère Richelieu tomba à son tour et le *Journal des Débats* salua de ses acclamations l'avénement de MM. de Villèle, Corbière et Peyronnet. L'accord du puissant journal et du ministère le plus antinational qui eût encore pesé sur la France ne dura pas longtemps.

La loi *de tendance* était en vigueur depuis trois

mois environ lorsque Chateaubriand, ministre des affaires étrangères, fut congédié par M. de Villèle, on sait avec quel sans-façon.

Le *Journal des Débats*, qui devait au grand écrivain une partie de son éclat, sentit vivement l'injure qui lui avait été faite et lui fournit les moyens de se venger.

Mais avant d'en venir là, les frères Bertin tentèrent une démarche en faveur de leur illustre ami.

« Aussi éclairés et aussi influents dans la politique que dans les lettres, dit M. Guizot, ces deux frères avaient le rare mérite de savoir grouper autour d'eux, par un généreux et sympathique patronage, une élite d'hommes de talent et de soutenir avec une fidélité intelligente leurs idées et leurs amis. M. Bertin de Vaux, le plus politique des deux, faisait grand cas de M. de Villèle, et vivait avec lui dans une familière intimité ; il lui en coûtait de se brouiller avec lui. Il alla donc le trouver, et lui demanda, pour le maintien de la paix, de faire donner à Chateaubriand l'ambassade de Rome. « Je ne me hasarderais pas à en faire la proposition au Roi, lui répondit M. de Villèle. — En ce cas, dit M. Bertin, souvenez-vous que les *Débats* ont déjà renversé les ministères Decazes et Richelieu ; ils sauront bien aussi renverser le ministère Villèle. — Vous avez renversé

les premiers en faisant du royalisme, reprit M. de
Villèle ; pour renverser le mien, il vous faudra
faire de la révolution. »

« Il n'y avait pour M. de Villèle rien de rassu-
rant dans cette perspective, et l'événement le prouva
bien (1). »

Ressaisissant sa plume, sa véritable, sa seule
force, « reprenant ses armes, » ainsi qu'il le disait,
Chateaubriand entreprit contre M. de Villèle la
guerre ardente, implacable qu'il avait faite, pendant quatre années, contre M. Decazes. Toutes les
mesures ministérielles furent par lui mises en pièces.
Réduction des rentes, censure, loi du sacrilége,
dissolution de la garde nationale, rien ne fut épargné par ce robuste et vindicatif athlète, qui, mieux
que personne, connaissait le côté faible de ses ennemis.

Chaque matin, ses attaques partaient du *Journal
des Débats*, devenu ainsi l'organe suprême de l'opposition. Les chefs du parti libéral l'accueillirent
à bras ouverts ; le général Sébastiani lui donna de
fréquents témoignages d'admiration ; Benjamin
Constant se félicitait de servir dans son armée ;
Etienne mettait le *Constitutionnel* à ses ordres.

Les coups des *Débats* devenaient chaque jour

(1) *Mémoires pour servir à l'histoire de mon temps,* t. Ier,
p. 267 et suiv.

plus violents et plus multipliés. M. de Villèle et ses collègues se réfugièrent dans la censure.

A cette mesure, l'exaspération des partis fut à son comble. Les journaux de l'opposition royaliste ou libérale n'offrirent longtemps à leurs lecteurs que des colonnes en blanc. Mais les brochures suppléèrent abondamment à ce silence. Chateaubriand se fit encore remarquer en cette circonstance par l'âpreté et la rudesse de ses *Lettres sur la Censure*.

Cette guerre sans merci se continua sous Charles X et de nouveaux griefs vinrent s'ajouter à tous les griefs qu'on avait déjà contre le ministère ; ce fut la présentation des lois d'indemnité, du sacrilége, d'aînesse et par-dessus tout la puissance sans cesse grandissante de la congrégation.

Enfin, le 19 décembre 1827, M. de Peyronnet présente à la Chambre cette fameuse loi à laquelle est resté le nom de *loi de justice et d'amour*. La lecture des dispositions de cette loi inique s'achève au milieu de la plus vive agitation, et Casimir Périer s'écrie :

« Autant proposer un article unique qui dirait : « L'imprimerie est supprimée en France au profit de la Belgique. »

L'émotion fut vive au dehors et le soulèvement moral immense ; l'Académie elle-même s'en émut. Le *Journal des Débats* se signale entre tous. Ses pages glorieuses respirent le patriotisme et l'a-

mour le plus pur de la liberté. On aime à s'y arrêter, on les relit avec bonheur. C'est là le langage
vraiment digne de la feuille en qui se résume l'histoire de ce siècle. Les Fiévée, les Salvandy, les Bertin
de Vaux, les Sacy, les Saint-Marc Girardin, les
Villemain y publient leurs brillants articles à côté
de ce magnifique discours prononcé par M. Royer-
Collard dans la discussion du projet de loi, une des
plus admirables inspirations de l'éloquence parlementaire.

Malgré les efforts désespérés de la gauche, la loi
passa, le 12 mars, à la majorité de 233 voix contre
134. Mais la Chambre des pairs s'y montra si ouvertement hostile que le ministère, craignant un
échec, prit le parti de la retirer.

« La loi d'amour, dit M. Eugène Hatin, avait eu
une sorte de prélude, elle eut aussi un appen-
dice... .

« ... La Chambre des députés avait eu à voter un
tarif postal, et un article de ce tarif concernant les
journaux avait donné lieu à de vifs débats.....

« L'article néanmoins fut adopté, mais seulement pour les journaux et ouvrages périodiques.

« A l'occasion de ce débat, M. de Villèle, pour
justifier son projet, fut amené à entrer, sur les
forces de la presse et la situation de certains journaux, dans des détails peu parlementaires, assurément, mais fort intéressants pour notre sujet.

« Voulez-vous savoir, dit-il, quels sont les bé-
« néfices des journaux, et s'ils peuvent supporter
« la taxe proposée ?

« Un journal qui a vingt mille abonnés — et il
« en est qui les ont (le ministre faisait allusion au
« *Constitutionnel*) — paie dans l'année pour les
« premiers frais de tirage du premier mille, en
« se servant des méthodes perfectionnées qui ont
« été découvertes de nos jours et mises à la portée
« de chacun, — 48,960 fr., et pour les dix-neuf
« autres, 109,440 fr. Total des frais d'impression,
« fourniture de papier et tout ce qui constitue le
« journal tel qu'il arrive aux abonnés : 158,400 fr.
« par an. Il paie pour les frais de timbre, à 6 cent.,
« '432,000 fr.; frais de poste, 2 cent. pour les deux
« tiers des abonnements, car l'autre tiers se distri-
« bue à Paris, 96,000 fr. — Total des frais :
« 686,405 fr. Le produit des abonnements est de
« 1,440,000 fr. Reste pour les frais de rédaction
« et les bénéfices : 753,595 fr.

« Et la mise-dehors, non compris les frais de
« rédaction, à prendre sur les bénéfices, est de
« 10,000 fr. pour une presse mécanique, 7,000 fr.
« de caractère, et un millier d'écus pour le petit
« mobilier nécessaire à un bureau de journal; au
« total, 20,000 fr. Voilà le capital nécessaire.

« Après le journal dont j'ai parlé, ajoutait M. de
« Villèle, en vient un autre qui a douze mille

« abonnés (les *Débats*); d'après les mêmes don-
« nées, les bénéfices, frais de rédaction exceptés,
« sont de 458,784 fr. Pour un autre journal, qui a
« cinq mille six cents abonnés (la *Quotidienne*), ils
« sont de 179,906 fr. Pour un autre qui a quatre
« mille abonnés (le *Journal de Paris*), ils sont de
« 56,158 fr. Enfin, pour d'autres, qui ont trois
« mille abonnés, ils sont de 76,320 fr.

« Ces révélations indiscrètes, reprend M. Hatin,
cette ingérence dans les affaires d'entreprises
privées souleva de violentes réclamations à la
Chambre et au dehors. Le *Journal des Débats*
disait :

« Rien n'est plus français que le reproche fait à
« M. de Villèle sur l'inconvenance de porter à la
« tribune des détails sur la fortune des particu-
« liers. Cela ressemble trop aux temps horribles
« de la Révolution. Personne n'a oublié que la
« condamnation en masse des fermiers généraux
« n'a été motivée que sur l'état présumé de leurs
« bénéfices...

« Laissons l'ignorance et les soupçons de mau-
« vaise foi, pour ne nous attacher qu'à ce qui est
« ridicule, comme, par exemple, de présenter
« l'inventaire du matériel nécessaire au succès
« d'une entreprise littéraire, politique, scientifi-
« que ou consacrée aux arts. Quel était le maté-
« riel de Racine, de Montesquieu, de Buffon, de

« Michel-Ange, et de ce J.-J. Rousseau, dont le
« style tourne la tête même de ce jeune clergé
« qui tend à se préserver des ignorantins? M. de
« Villèle devrait bien se charger de nous l'appren-
« dre. Si on nous demandait quel est le matériel
« nécessaire pour avoir les bénéfices des ministres
« secrétaires d'Etat, nous répondrions qu'il ne
« faut pas plus de bagage que n'en possédait
« Adam lorsqu'il ouvrit pour la première fois les
« yeux dans le paradis terrestre. »

Dans cette opposition bruyante et énergique
autant que puissante, le *Journal des Débats* ne cesse
pas un instant d'être royaliste; si, à travers le
langage de son émule, le *Constitutionnel*, on aper-
çoit un coin du drapeau tricolore, c'est revêtu du
manteau fleurdelisé et enveloppé des plis du drapeau
blanc qu'il monte à l'assaut du ministère; et il
faudra une nouvelle révolution pour le détacher
de la maison de Bourbon.

Les *Débats* triomphent encore une fois. Le pays,
poussé à bout, nomme une Chambre libérale, devant laquelle le ministère de M. de Villèle est
obligé de se retirer. Il est remplacé par celui de
M. de Martignac.

Le numéro du 6 janvier 1828 contient cet article :

« On ne peut se dissimuler la puissance des
« noms sur l'esprit des peuples. Il est des circons-

« tances où le talent et la considération ne suffisent
« pas pour constituer des ministères durables, où
« même quelques hommes d'État aidés de l'opinion
« et respectés ne suffisent pas pour rendre tout un
« cabinet grand dans l'estime publique. Les sol-
« dats aiment les chefs qu'ils suivirent au combat ;
« ils se croient frappés s'ils les voient en exil.
« Ainsi sont faits tous les hommes dans l'arène des
« débats politiques. Quand l'accès du pouvoir de-
« meurerait interdit à la plupart des personnages
« considérables qui ont tenu tête à l'administra-
« tion dernière, qui l'ont empêchée souvent de
« faire le mal, qui ont préservé la Restauration de
« toutes les conséquences de tentatives insensées,
« le ministère paraîtrait-il à la France un gage
« suffisant de sécurité? En douter est permis. Les
« noms sont la monnaie des doctrines. »

Les *Débats* prêtèrent leur appui au ministère
Martignac, mais, pour une raison ou pour une
autre, il faut convenir que ce fut d'une étrange manière. Ils gagnaient bien mal leur subvention et le
paiement de l'arriéré, si tant est qu'il y eût subvention et *paiement de l'arriéré*, comme le bruit en
courait. M. Nettement l'affirme en s'appuyant sur
le témoignage d'un confident d'un personnage auguste, et M. de Lamartine après lui. On parle du
chiffre énorme de 300,000 fr. Cette question, du
reste, nous intéresse fort peu, ce qui nous intéresse

davantage, c'est que les *Débats* ne cessèrent de combattre pour la liberté. Et je ne crois pas, pour ma part, qu'il y ait un bien grave reproche à leur faire pour n'avoir pas soutenu le ministère Martignac autant qu'ils l'auraient dû.

Voici du reste ce que dit à ce sujet un homme infiniment plus autorisé que moi, M. Saint-Marc Girardin, dans ses *Souvenirs*.

« Je viens de relire la polémique du *Journal des*
« *Débats* en 1828 et 1829, et je suis heureux de
« voir que j'ai toujours défendu le ministère Mar-
« tignac. Une chose pourtant m'étonne, quand je
« relis la polémique du temps ; il me semble que
« nous n'étions pas bien convaincus en 1828 que
« le ministère de M. Martignac était la dernière
« chance de la Restauration libérale, et qu'après
« ce ministère il n'y avait qu'une contre-révolu-
« tion ou une révolution, c'est-à-dire deux abîmes.

« Nous défendions le ministère de transaction,
« mais, pour dire toute ma pensée d'aujourd'hui,
« nous ne savions pas assez gré au ministère d'être
« une transaction, nous ne lui tenions pas assez de
« compte des difficultés qu'il avait à vaincre.

« Le *Journal des Débats*, pendant le ministère de
« M. de Martignac, attaquait les adversaires de
« ce ministère plutôt qu'il ne le défendait lui-
« même.....

« Le plus grand reproche que ma vieillesse

« fasse à ma jeunesse, en révisant cette polémi-
« que, ce n'est pas qu'elle ait été parfois amère
« contre le parti de M. de Villèle devenu l'adver-
« saire du ministère Martignac : ce sont là les dé-
« fauts naturels du métier ; je me reproche plutôt
« de n'avoir pas défendu ce ministère avec assez
« de foi et d'ardeur. Ç'a été le tort du parti libé-
« ral, en 1828 et en 1829, de ne donner à M. de
« Martignac qu'un appui défiant et réservé..... Il
« se défiait des origines et des amitiés de M. de
« Martignac ; peut-être aussi avait-il l'espérance
« d'arriver au pouvoir, et il croyait que, pour
« remplacer M. de Martignac, il fallait s'en dis-
« tinguer : idée égoïste qui trompa le parti li-
« béral....

« J'ai plus tard défendu divers ministères de la
« monarchie constitutionnelle de 1830, et, quand
« je compare l'ardeur sincère que je mettais à les
« défendre avec la réserve, et parfois l'indiffé-
« rence, que je témoignais pour le ministère
« Martignac, je me trouve après coup ingrat et
« imprévoyant : ingrat, parce que les efforts de
« ce ministère en faveur de la liberté méritaient
« plus d'empressement ; imprévoyant, parce que
« ce ministère nous épargnait une révolution à
« faire. M. de Martignac était, en effet, la der-
« nière concession libérale du roi Charles X, qui
« était décidé, si cette concession ne réussissait pas,

« à reculer vers le parti ultra-monarchique, plutôt
« qu'à faire un pas de plus vers le parti libéral.

« Les avertissements ne manquèrent pourtant
« pas à ce parti; sans cesse les ministres disaient
« à ses chefs que, s'ils aidaient à renverser le mi-
« nistère, ce ne seraient pas eux qui seraient mi-
« nistres, mais leurs adversaires et ceux du gou-
« vernement représentatif. On ne voulait pas les
« croire.

« Le 8 août 1829, M. de Polignac était nommé
« ministre des affaires étrangères. Ce jour-là
« l'abime s'ouvrit ; il ne fit plus que s'élargir jus-
« qu'au coup d'État du 25 juillet 1830, qui y fit
« tomber la monarchie de 1814, et il ne se re-
« ferma qu'à moitié avec la monarchie de 1830. »

CHAPITRE XI.

« Ainsi le voilà encore une fois brisé ce lien
« d'amour et de confiance qui unissait le peuple
« au monarque! Voilà encore une fois la cou-
« ronne avec ses vieilles rancunes, l'émigration
« avec ses préjugés, le sacerdoce avec sa haine de
« la liberté, qui viennent se jeter entre la France
« et son roi ! Ce qu'elle a conquis par quarante
« ans de travaux et de malheurs, on le lui ôte !

« Ce qu'elle repousse de toute la puissance de sa
« volonté, de toute l'énergie de ses vœux, on le
« lui impose violemment !

« Et quels conseils perfides ont pu égarer ainsi
« la sagesse de Charles X, et le jeter, à cet âge
« où le repos autour de soi est la première condi-
« tion du bonheur, dans une nouvelle carrière de
« discordes ! Et pourquoi ? Qu'avons-nous fait
« pour que notre roi se sépare ainsi de nous ?
« Jamais peuple fut-il plus soumis à ses lois ? Où
« l'autorité royale a-t-elle reçu la moindre atteinte,
« la justice quelque obstacle à sa force ? La religion
« n'est-elle pas toujours entourée de nos res-
« pects ?

« Il y a un an, à cette même époque, Charles X
« alla visiter les provinces du Nord ; nous invo-
« quons son souvenir ; par quel témoignage d'a-
« mour et de reconnaissance ne fut-il pas ac-
« cueilli ! Cette touchante image d'un père envi-
« ronné de ses enfants devint alors une heureuse
« réalité. Aujourd'hui, il trouverait encore par-
« tout des sujets fidèles, mais partout affligés
« d'une méfiance imméritée.

« Ce qui faisait surtout la gloire de ce règne,
« ce qui avait rallié autour du trône les cœurs de
« tous les Français, c'était la modération dans
« l'exercice du pouvoir. La modération ! Aujour-
« d'hui elle devient impossible ; ceux qui gou-

« vernent maintenant les affaires voudraient être
« modérés qu'ils ne le pourraient : les haines que
« leurs noms réveillent dans tous les esprits sont
« trop profondes pour n'être pas rendues ; redoutés
« de la France, ils lui deviendront redoutables.
« Peut-être dans les premiers jours voudront-ils
« bégayer les mots de Charte et de Liberté, leur
« maladresse à dire ces mots les trahira ; on n'y
« verra que le langage de la peur ou de l'hypo-
« crisie. Quelle liberté, grands dieux ! que la
« liberté à leur manière ! Quelle égalité que celle
« qui nous viendrait d'eux.

« Que feront-ils cependant ? Iront-ils chercher
« un appui dans la force des baïonnettes ? Les
« baïonnettes aujourd'hui sont intelligentes, elles
« connaissent et respectent la loi. Incapables de
« régner trois semaines avec la liberté de la presse,
« vont-ils nous la retirer ? Ils ne le pourraient
« qu'en violant la loi consentie par les trois pou-
« voirs, c'est-à-dire en se mettant hors la loi du
« pays. Vont-ils déchirer la Charte qui fait l'im-
« mortalité de Louis XVIII et la puissance de son
« successeur ? Qu'ils y pensent bien ! la Charte a
« maintenant une autorité contre laquelle vien-
« draient se briser tous les efforts du despotisme.
« Le peuple paie un milliard à la loi ; il ne paierait
« pas deux millions aux ordonnances d'un minis-
« tre. Avec les taxes illégales naîtrait un Hampden

« pour les briser. Hampden ! faut-il que nous
« rappelions ce nom de trouble et de guerre !
« Malheureuse France ! malheureux roi ! »

Malheureuse France ! malheureux roi ! Quand cet
article parut, l'émotion qu'il causa fut vive et profonde. Il faut remonter loin dans nos annales pour
avoir un exemple d'une impression aussi terrible
causée par un article de journal. La stupeur d'a-
bord, puis l'agitation, furent universelles, et rappe-
lèrent, si un tel rapprochement se peut faire quand
il s'agit des *Débats*, l'effet causé par le fameux *c'en
est fait de nous* de Marat.

Le numéro du journal fut saisi. Béquet, l'auteur
de l'article, se dénonça lui-même ; mais Bertin en
revendiqua la responsabilité comme un privilége.
Alors s'entama devant le tribunal de police correc-
tionnelle ce fameux procès qui prit les proportions
d'un événement politique.

Le jugement fut rendu le 26 août au milieu d'un
frémissement universel, et Bertin, prévenu « d'offense envers le roi et d'attaque contre la dignité
royale, » fut condamné à six mois de prison et à
500 francs d'amende. Il appela de cette sentence ;
le ministère public en appela de son côté *a minima.*

MM. de Polignac, de Labourdonnaye et de
Bourmont étaient pour le public moins les plai-
gnants que les accusés, et la foule immense qui en-
vahit le prétoire de la Cour royale le leur témoigna

d'une manière non équivoque. Après l'éloquent
plaidoyer de son défenseur, M. Dupin, Bertin prit
lui-même la parole en ces termes :

« Messieurs les juges, depuis trente-six ans que
« j'exerce une profession honorable, mais hérissée
« de difficultés, je puis me rendre le témoignage
« que, dans les journaux dont j'ai été propriétaire
« et rédacteur, jamais je n'ai écrit ou laissé écrire
« (toutes les fois que j'ai été libre) une phrase la-
« quelle n'eût pour but la défense des principes
« qui pouvaient seuls, selon moi, rendre au sou-
« verain légitime son royaume usurpé, à la France
« ses libertés perdues. Me suis-je trompé dans
« l'expression de ces principes ? je ne le crois pas ;
« ma conscience serait là pour démentir l'erreur
« de mon langage.

« Sans remonter à des temps que déjà peu
« d'hommes ont vus, pour ne parler que du
« *Journal des Débats* fondé par mon frère et par
« moi, il y a trente ans, ceux qui m'entendent ici
« savent si je dis la vérité. Les ennemis du roi
« m'ont d'avance et depuis longtemps rendu cette
« justice, témoin les saisies, les fuites exigées, les
« exils, la prison, les déportations prononcées tant
« de fois contre moi, et par la République et par
« l'Empire, comme partisan reconnu et déclaré de
« la maison de Bourbon. A Dieu ne plaise que je
« parle de ces choses pour me vanter ! Je n'ai fait

« que mon devoir en m'exposant aux dangers at-
« tachés à mon opinion. Tant de Français ont souf-
« fert (et parmi ces Français que d'illustres victi-
« mes !), tant de Français ont rendu de plus im-
« portants services que les miens, qu'il me siérait
« mal à moi, citoyen obscur, de me faire un droit
« de quelques sacrifices ; mais, forcé de repousser
« une imputation que j'ai peut-être le droit de
« trouver étrange, j'ai voulu seulement rappeler à
« mes juges que je ne suis point un ennemi du
« trône, et que ma vie passée doit entrer en consi-
« dération dans les arrêts que l'on peut porter sur
« ma vie présente.

« La Restauration me trouva, ainsi que mes as-
« sociés, dépouillé de ma propriété du *Journal*
« *des Débats*. Les termes mêmes de l'acte de spo-
« liation pourraient me tenir lieu de certificat de
« fidélité au roi. Le 31 mars 1814, je me ressaisis,
« avec mon frère, de notre propriété, au nom
« même de ce roi qui avait été le motif avoué de
« notre spoliation.

« Vous savez, Messieurs, comment la cause de
« la légitimité fut défendue dans le *Journal des*
« *Débats* jusqu'au 20 mars 1815, et particulière-
« ment dans l'article du 20 mars. Obligé, par suite
« de cet article, qui fut arrêté à la poste, mais
« distribué dans Paris, obligé de fuir encore une
« fois, je me retirai à Bruxelles, d'où je fus bien-

« tôt appelé à Gand pour rédiger le journal
« officiel du roi : c'est le plus grand honneur et
« la plus grande récompense que j'aie pu recevoir.
« Là, sous les yeux mêmes du roi, je continuai à
« combattre pour ces principes que la Charte
« royale avait proclamés, et que la dynastie
« légitime pouvait seule nous garantir. Louis XVIII
« appréciait ces articles, qu'un zèle trop ardent
« calomnierait peut-être aujourd'hui. La liberté
« s'était arrêtée avec la légitimité à quelques pas
« de la France, elle en rouvrit les portes à l'im-
« mortel auteur de la Charte.

« De retour dans ma patrie, je repris la direc-
« tion du journal que j'avais fondé ; je n'ai cessé
« de défendre les vrais intérêts de la royauté, qui
« ne me paraissaient pas avoir désormais d'appuis
« plus solides que ceux des institutions octroyées
« par le monarque législateur.

« Alarmé pour ces intérêts à la formation du
« ministère actuel, peu accoutumé à cacher mon
« opinion, surtout quand il y va de la monarchie,
« je chargeai un de mes collaborateurs d'exprimer
« sa douleur et la mienne. Après avoir fait à son
« article les corrections, les changements, qui me
« parurent nécessaires, je le publiai. Je demeure
« convaincu que mes équitables juges, qui ont
« entendu mon savant et éloquent défenseur, n'y
« trouvent pas le délit dont l'affligeante suppo-

« sition m'amène au pied de leur tribunal. Le
« sentiment même de cet article, s'il est vivement
« exprimé, est la preuve de ma loyauté et de mon
« innocence.

« Je ne sais si ceux qui se croient sans doute
« plus dévoués que moi au petit-fils de Henri IV
« rendent un grand service à la couronne en ame-
« nant devant une cour de justice des cheveux
« blanchis au service de cette couronne; je ne sais
« s'il est bien utile que des royalistes qui ont subi
« les peines de la prison pour la royauté les su-
« bissent encore au nom de cette royauté. Mais
« enfin, Messieurs, si, par impossible, mon dé-
« fenseur n'était pas parvenu à vous faire partager
« son opinion et la mienne, j'ose me flatter que,
« d'après le peu de mots que je viens d'avoir
« l'honneur de vous adresser, aucun de vous,
« aucun de ceux qui m'entendent, ne pourra
« croire qu'arrivé au terme prochain d'une péni-
« ble carrière, j'aie voulu sciemment offenser, ou-
« trager, insulter celui qui fut toujours l'objet de
« mes respects, de mon amour, j'allais presque
« dire de mon culte. »

La Cour, après trois heures de délibération :
« Considérant que, si les expressions de l'article
incriminé étaient inconvenantes et contraires à la
modération qu'on doit apporter dans la discussion
des actes du gouvernement, cependant elles ne

constituaient pas le double délit d'offense à la personne du Roi et d'attaque à la dignité royale, » déchargea Bertin des condamnations prononcées contre lui et le renvoya des fins de la plainte. Cet arrêt fut accueilli par des applaudissements et aux cris de *Vive le Roi!*

La bataille était engagée entre le ministère et le *Journal des Débats;* pendant les onze mois qui séparèrent la chute du ministère Martignac de la chute de la royauté, presque tout le fardeau en fut supporté par deux jeunes et vaillants écrivains, MM. de Sacy et Saint-Marc Girardin, qui inauguraient cette longue, honorable et (pourquoi pas le dire?) cette glorieuse carrière de journalistes où nous les retrouvons encore aujourd'hui, modèles de la constance dans le travail et dans l'étude, de la probité dans la critique, du tact dans le jugement, du goût dans la forme, autant que du talent et de la fermeté de la foi dans l'exercice de leurs nobles fonctions; modèles que les hommes de la nouvelle génération ne doivent cesser d'avoir devant les yeux.

« Coblentz, Waterloo, 1815 ! voilà les trois
« principes, voilà les trois personnages du minis-
« tère. Tournez-le de quelque côté que vous vou-
« drez; prenez nos haines d'il y a trente ans, nos
« douleurs et nos inquiétudes d'il y a quinze ans;
« tout est là, tout s'y est donné rendez-vous pour

« affliger et irriter la France. Pressez, tordez ce
« ministère, il ne dégoutte que chagrins, malheurs
« et dangers. »

C'est en ces termes brûlants que, le 14 août,
M. Saint-Marc Girardin stigmatise le nouveau ministère. Ce sentiment de douleur empreint dans
ces lignes, et, parfois, le sentiment de la colère
qu'elles respirent animeront les articles du *Journal
des Débats* jusqu'au 25 juillet 1830.

Cependant, jusqu'au dernier jour de cette terrible opposition, il conserve ses illusions : il ne croit
pas la chute de la dynastie possible. Ainsi, le 21 février 1830, il écrit :

« Un changement de dynastie semblable à celui
« de 1688 est aujourd'hui impossible en France.
« En 1688, l'Angleterre trouvait dans l'usurpation
« la gloire et le génie : Guillaume de Nassau était
« là. En 1830, nous avons beau regarder par toute
« l'Europe, nous ne voyons pas Guillaume de
« Nassau. En 1688, l'Europe était disposée de telle
« sorte qu'elle appelait de tous ses vœux Guillaume
« au trône d'Angleterre, et que l'usurpation arriva
« à Londres avec l'alliance de tous les rois. En
« 1830, l'Europe est disposée de telle sorte, qu'un
« usurpateur entrerait aux Tuileries comme Bona-
« parte au 20 mars, avec l'inimitié de toute l'Eu-
« rope. Nous ne pouvons finir sans exprimer toute
« notre douleur de nous voir réduits aujourd'hui à

« traiter, avec toute la froideur de la logique, une
« question que nos vieilles affections et le senti-
« ment d'un droit sacré ont depuis longtemps dé-
« cidée pour nous sans retour. »

Et jusqu'au dernier moment il persistera dans
cette croyance, partagée du reste par presque tous
les journaux de l'époque. La situation se dessinait
cependant chaque jour plus nettement et les diatribes insensées des journaux ministériels attisaient
le feu qui devait tout consumer.

Le prétexte le plus considérable à l'opposition
fut, à cette époque, l'expédition d'Alger. Le *Journal des Débats* tirait à boulets rouges sur ce ministère, qui, selon l'expression de Royer-Collard, *portait les ordonnances écrites sur son visage*, et pour la
satisfaction de sa haine, il descendait jusqu'à tra-
hir le secret de nos armements, et se faire ainsi le
complice du Dey. Il faut tout dire, sous peine d'être
accusé de partialité, il soufflait le découragement
dans notre armée et prenait à tout propos parti
pour l'amiral Duperré, qui déclamait partout contre l'entreprise, et notamment lorsqu'après le succès de l'expédition on le nomma pair de France,
tandis que M. de Bourmont avait reçu le bâton de
maréchal. L'issue de cette lutte terrible n'était pas
loin.

Les nouvelles électorales apprirent à la royauté
sa défaite à l'intérieur presqu'en même temps

qu'elle recevait la nouvelle de sa victoire sous les murs d'Alger.

Le péril devenait de jour en jour plus imminent, de sinistres rumeurs parcouraient les masses. On parlait tout haut de coup d'État, dernière et impuissante ressource des gouvernements qui n'ont plus de ressources. Mais cette histoire est trop récente, on la connaît trop bien, pour qu'il soit utile de la redire.

Les célèbres ordonnances parurent.

Tout est consommé : sur les ruines de la monarchie de 1814, s'élève la monarchie de 1830.

Si, en jetant un coup d'œil en arrière, on considère la part que le *Journal des Débats* eut à cet événement, on ne peut, à quelque nuance de l'opinion libérale qu'on appartienne, lui refuser son tribut d'admiration et de reconnaissance. Il a été pendant cette période, avec des fortunes diverses, et au milieu de bien des hésitations, l'expression la plus complète des idées de progrès. Royaliste dans la forme, il est constamment libéral dans le fond. Ses efforts, en dépit qu'il en ait, trahissent sa volonté. Sage et prudent autant qu'instruit et circonspect, il résume admirablement les idées de son temps et leur donne leur forme la plus brillante.

Une haute personnalité, homme ou journal, placée dans la position des *Débats*, subit et reflète à son insu les influences du milieu où elle vit.

Elle marche avec la nation tout entière; s'avançant de découverte en découverte vers le mieux, elle ne pense pas et ne sent pas autrement que tout le monde, seulement elle exprime mieux, c'est-à-dire plus clairement que tout le monde ce qu'elle sent et ce qu'elle pense. Il n'y a donc rien d'étonnant à dire que les *Débats* ont exercé sur ce temps une influence décisive, influence qu'ils exercent encore et qui ne réside pas, comme les gens superficiels le croient, dans le chiffre du tirage.

CHAPITRE XII.

On a beaucoup reproché au *Journal des Débats*
ce qu'on a appelé ses revirements politiques. Le
reproche à notre sens est peu fondé. Le *Journal
des Débats* s'en explique ainsi dans un article du
26 janvier 1830. « Il y a en matières politiques
« deux choses distinctes : les opinions relatives
« aux doctrines et les opinions touchant les hom-
« mes. Les opinions sur les doctrines, quand ces
« doctrines sont fondamentales, doivent être im-
« muables, indépendantes des positions indivi-

« duelles, des accidents de la fortune, des révolu-
« tions même de l'État. Nous serons toujours prêts
« à sacrifier les hommes à nos doctrines, jamais
« nos doctrines aux hommes.... »

Ne connaissons-nous pas l'hypocrisie humaine,
ne savons-nous pas bien que les hommes désertés
n'imputent jamais à leurs défauts, à leurs idées,
l'ostracisme qui les frappe, mais aux plus mauvaises passions chez leurs adversaires ? Ce n'est
point eux que l'on frappe, ce sont les principes
généraux qu'ils représentent : ainsi ils se font un
bouclier de ces principes sacrés et l'exposent aux
coups de leurs ennemis. Ou bien il faudra sans
cesse remettre sous les yeux des hommes la tirade
de Cléante à Orgon, l'accompagner d'une inscrip-
tion explicative pour leur dessiller les yeux, et
désespérer de la jugeotte humaine? ou bien personne n'ignore que l'on a l'habitude de frapper ses
ennemis avec un fer sacré ; nous croyons pour
notre part qu'il en est ainsi aujourd'hui. Qui veut-
on alors tromper aujourd'hui?

Il est impossible que qui que ce soit au monde
puisse se tracer une ligne de conduite et affirmer
qu'il la suivra invariablement, parce qu'il faudrait
pouvoir exactement calculer les chances et les
probabilités, se garantir contre l'accidentel et
l'inopiné, s'arranger pour qu'il n'y ait plus d'im-
prévu; tout savoir en un mot. Ce travail consu-

merait et au-delà le temps de l'action, et quand le résultat en serait connu, la chose qui l'aurait provoqué serait passée depuis longtemps à l'état de fait accompli.

On sait bien que ce sont les circonstances qui font les hommes. On sait bien qu'elles modifient les opinions, c'est pour cela que les principes ont été inventés. Un principe n'est autre chose que l'expression d'une idée générale, dont les termes sont assez élastiques et assez vagues pour que chacun puisse les appliquer à sa fantaisie et selon son tempérament. C'est déjà beaucoup d'exiger d'un homme qu'il reste fidèle à un principe sans encore exiger qu'il reste fidèle à une forme absolue et immuable, ce qui est le comble de la folie et la caractéristique de l'esprit de parti.

Nous comprenons du reste que ces attaques aient été fréquemment dirigées contre le *Journal des Débats*, et voici pourquoi. On a eu l'étonnante idée de séparer la politique de la littérature, d'établir ce qu'on a nommé les spécialités, ces mines fécondes de médiocrité, comme si tout ne se tenait pas et ne s'enchaînait pas d'une manière indissoluble, comme si la littérature n'était pas une forme de la politique indiquant aussi sûrement aux yeux exercés la situation d'un peuple et d'un gouvernement, qu'elle indique l'état de ses mœurs et l'état de sa civilisation : en sorte qu'il est permis de suivre tous les errements en littérature, mais qu'il est absolument interdit de varier en politique, c'est-à-dire de s'écarter de la ligne que chacun voudrait vous voir suivre. Il est bien difficile, pour ne pas dire impossible, de contenter tout le monde, et on est certain en plaisant à Paul de déplaire à Pierre.

Si l'on entend par varier en politique : déserter le bien, le vrai ou le juste, étant sollicité par l'appât d'une récompense, d'une place ou d'une somme d'argent, je souscris volontiers à la réprobation dont on frappe ceux qui se rendent coupables d'un tel crime ; mais est-on bien sûr que, dans ce cas, cette expression soit juste ? J'appellerais cela d'un autre nom plus énergique et plus capable de flétrir, j'appellerais cela *mentir en politique*.

Varier en politique, et notez ici qu'il ne peut s'agir que d'une longue carrière, c'est suivre le mouvement des idées dans le temps. Ne dirait-on pas d'un homme qui professerait en politique les doctrines de 1810 que ses idées sont surannées ?

Ne cesserons-nous de prendre toujours les questions par la queue et la cause par l'effet ?

Je conçois qu'après une étude consciencieuse de la situation, après s'être enquis des entours et du degré d'influence du passé, on fixe enfin ses irrésolutions, et, si l'on a un grain de bon sens dans la cervelle, on mette son dévouement au service du progrès, on consacre sa vie au culte de la liberté. C'est là le principe. Je n'ignore pas, pour le dire en passant, qu'on contracte même en le professant involontairement des engagements involontaires, mais ne sait-on pas qu'à ce moment décisif, les idées sont encore peu arrêtées, vagues et diffuses? On veut quelque chose sans bien savoir ce que l'on veut. Plus tard, la connaissance des intérêts sociaux, le contact du monde, l'expérience des affaires éclairciront, rendront ces idées plus fermes, et le principe plus large, mais à quel prix? au prix des plus généreuses illusions.

Dira-t-on qu'un homme chez qui une telle modification de principes est advenue a varié en politique? Un homme de parti le dira peut-être, mais non un penseur et le bon sens avec lui.

Interrogez ces vieillards qui, dans leur longue carrière, ont vu autour d'eux tant de défaillances, ils seront plus indulgents, et ne confondront point la lâcheté et la vénalité avec la science et l'expérience.

Le *Journal des Débats* s'était proposé pour point de départ les principes auxquels il a toujours été fidèle, c'est-à-dire les principes de 89. Qu'importe la forme? qu'y a-t-il d'étonnant qu'ils se soient élargis pour lui? ne se sont-ils pas élargis pour tous? ne se sont-ils pas augmentés du fruit de soixante ans de luttes et de combats? Les découvertes du siècle n'ont-elles pas agrandi le domaine des idées? « Rien ne se fait tout d'un coup, » dit Leibniz dans la préface des *Nouveaux Essais.*

Et quand on voit un journal, une œuvre collective, partir du commencement du siècle en royaliste de 89, traverser l'Empire en frondeur du despotisme impérial, la Restauration en défenseur des conquêtes de la Révolution, la monarchie de juillet en soutien du gouvernement parlementaire pour arriver jusqu'à nous comme l'expression de l'idée représentée par la philosophie, fondue, si je puis ainsi parler, des Cousin, des Jouffroy, des Renan, des Taine, des Littré, peut-on dire que ce journal a varié en politique? C'est une accusation banale, bonne à imposer aux niais et qui bientôt n'aura plus ni sens ni portée. Mais comment aurait-on varié en politique quand la science politique est à peine constituée à cette heure?

A qui fera-t-on croire désormais que la politique régit les idées? n'est-elle pas au contraire régie par les idées, puisqu'elle n'est, à proprement parler, que l'expression des luttes des idées contre la résistance? Quand a-t-on vu une idée repoussée absolument et retournant sur ses pas? Un prince à la main de fer peut la contenir, ici, stationnaire pendant dix ans, pendant quinze ans, mais, protée ac-

tif, elle revêt toutes les formes, se glisse partout et
dans tout, et, un beau jour, sort d'où on ne l'attendait point et apparaît radieuse, éclatante, triomphante. Elle frappe de stupeur ceux qui l'avaient
enchaînée. Ils se demandent comment elle a pu
briser les lourds anneaux de fer. Ils étaient là hier,
solides, intacts, défiant les siècles et aujourd'hui
ils ne sont plus. Qui a fait ce prodige? Une machine à vapeur, une feuille de papier grande
comme la table où j'écris, des petits caractères de
métal dur, tout cela, en un mot, le cerveau de
l'homme, asile inviolable où se réfugie l'idée dans
les temps malheureux et d'où elle s'échappe chaque jour sous la forme d'un article littéraire, d'une
critique, d'un compte-rendu d'un livre de philosophie, d'une description de charrue. Qu'importe
après cela l'influence d'une politique ou d'une
autre?

La passion politique, en France, est aujourd'hui
disparue, disent les gens légers. Non pas ! Lasse de
ses luttes passées, elle se repose, elle sommeille.
Bientôt viendra le réveil, et on sera tout étonné
des nouvelles forces qu'elle aura acquises.

Nous pouvons ajouter :

Une politique est bonne, sage, grande ou mauvaise, insensée et basse selon qu'on substitue à un
point de vue général un intérêt général, à un
point de vue particulier un intérêt particulier.

Ainsi tout est éclairci, tout s'explique : les chutes retentissantes et les triomphantes élévations, l'éclatant concert du travail humain et de la voix humaine, et le silence de l'abjection.

CHAPITRE XIII.

On a beaucoup reproché aussi au *Journal des Débats* (quels reproches ne lui a-t-on pas faits?) d'avoir perdu, par sa persistance à soutenir le ministère Guizot, la monarchie de juillet. D'abord, il ne faut pas se tromper sur l'influence qu'exerce un journal; cette influence ne lui vient pas de lui;

elle est réflexe, si je puis ainsi parler. Un journal
est une tête de parti, une tête de classe, il reçoit
toutes les impressions de ce parti ou de cette classe
et, par suite, toutes les idées qui en découlent ; il
les exprime et les renvoie ainsi plus claires, plus
nettes, là d'où elles lui venaient. C'est, à proprement
parler, sa fonction réelle. J'aurais mieux dit, sans
doute, en l'appelant le cœur d'une classe ou d'un
parti ; mon expression eût été plus conforme à son
apparente fonction, si la réalité ne m'obligeait à
donner à chaque chose ce qui lui revient d'attributs : au cerveau, la pensée ; en effet, de même
que le cœur reçoit le sang veineux et le purifie
par le contact de l'air pour le renvoyer aux organes plus pur et plus vital ; de même un journal
reçoit les idées vagues de la classe ou du parti qu'il
résume, les purifie par la publicité, cette atmos-
phère féconde de la discussion, et les renvoie dé-
pouillées de leurs impuretés aux membres du
parti.

Le *Journal des Débats* ne pouvait agir, sous la
monarchie de Juillet, autrement qu'il n'agit. Cette
monarchie, il l'avait faite, car ses hésitations et
ses démarches dans les premiers jours d'août 1830
étaient de ces actes qu'on sait inutiles et qu'on accomplit néanmoins pour l'acquit de sa conscience.
Il n'ignorait point, quoi qu'on en dise, que la
branche aînée était à jamais ruinée dans l'opinion

publique en France, et cette science lui était venue
tout à coup et signifiée par la brutalité du fait. Les
paroles du général Sébastiani : « Le roi est généralement aimé, mais la dynastie des Bourbons ne
convient plus à la France : nous ferons nos plus
grands efforts pour nous en débarrasser, et si nous
réussissons, nous ferons à cette famille une existence honorable en pays étranger, à Rome, par
exemple ; » les paroles de M. Thiers : « monarchiques, mais anti-dynastiques ; » les paroles du *National* : « Qu'est-ce qu'un accident? changer les
personnes sans changer les choses; » apparurent
alors dans leur éclatante vérité. Le 4 août, il dé-
clarait que la maison de Bourbon avait cessé
de régner.

La monarchie de Juillet se trouvait en face de
deux sortes d'adversaires; elle les conservera pendant toute sa durée : ceux qu'elle avait remplacés
et ceux qu'elle avait empêchés d'arriver.

Le *Journal des Débats* entra de plain pied dans
le gouvernement et s'incorpora en quelque sorte
dans la monarchie que ses doctrines avaient contribué à édifier. Si, dès le début, on le voit s'attacher au parti de la *résistance* qui, avec le parti du
mouvement, formèrent aussitôt deux nuances bien
tranchées, c'est que pour lui la Révolution avait
dit son mot et posé ses dernières limites.

L'histoire lui fera-t-elle un crime d'avoir persévéré dans cette idée? Non, ou il faudrait que les historiens qui l'écriront oublient volontairement la plus brillante caractéristique de l'homme, et aussi la plus respectable, c'est-à-dire cette soif qui tourmente les hommes supérieurs, désireux d'avoir entre leurs mains les destinées de leur pays, parce qu'ils se sentent capables de les soutenir d'une manière haute et fière, et cette ardeur qui les anime quand ils les tiennent, qui leur fait repousser de toutes leurs forces les tentatives d'usurpation, parce qu'ils ne croient pas que d'autres soient en position de les diriger et de les régler d'une manière aussi haute et aussi fière; en d'autres termes, le sentiment de sa valeur personnelle et l'inévitable exagération de ce sentiment.

Le rôle du *Journal des Débats* est résumé en ces deux lignes.

Il tient entre ses mains les destinées de son pays, il ne les abandonnera pas à d'autres mains qu'il juge moins capables que les siennes à leur donner la tournure qui convient à la dignité de la France. Ainsi se résume toute la lutte qu'il soutint à la fois contre le parti du *mouvement* et contre les partis légitimiste et démocratique unis.

Pourquoi nierait-on les difficultés que traversa la monarchie de Juillet pendant toute sa durée? ce serait folie. L'histoire demain restituera les choses dans leur véritable leçon, et dira qu'elle eut non-seulement à lutter contre ses ennemis déclarés, et contre ses amis même, mais encore contre la lassitude qui s'était emparée de ceux qui l'avaient élevée.

Le clergé, l'aristocratie territoriale, les républicains et jusqu'aux conseillers de la couronne, lui étaient hostiles. La conviction profonde qu'elle avait raison la sauva ; et cette conviction, elle la puisa dans la liberté de la presse.

Cependant, il vint un moment où le pouvoir dut. opter entre abdiquer et se défendre.

Les lois de septembre furent votées. On sait la part qu'y prit le *Journal des Débats*.

Presque un an après, M. Emile de Girardin opérait dans la presse cette révolution qui fit du journal en France ce qu'il est aujourd'hui.

« Aujourd'hui, » écrivait M. Rigaud dans le feuilleton des *Débats* du 28 octobre 1858, « aujourd'hui
« les journaux sont des bulletins, des éphémérides,
« des affiches ; ce ne sont plus des influences et des
« foyers d'opinion. On les lit pour savoir l'événe-
« ment de la veille, le titre de la pièce nouvelle,
« le cours de la rente et des maisons à vendre. Ils
« rassemblent autour d'eux une multitude d'oisifs
« qui les regardent voguer au milieu des écueils,
« comme sur le bord de la mer les promeneurs
« suivent de l'œil les barques par le gros temps.
« Mais entre eux et la foule, le lien, lien fragile,

« c'est l'intérêt de la curiosité. Il ne sent plus
« dans l'air circuler, comme jadis, ces courants
« d'électricité morale qui les mettaient sans cesse
« en communication avec des amis invisibles, et
« les rares signaux qu'ils font ressemblent à ceux
« du câble transatlantique depuis ses derniers
« malheurs. Ce n'est pas que les journaux parlent
« plus mal, ni même qu'ils ne parlent plus : ils ont
« baissé la voix pour ne pas se la casser; mais
« comme il y a un grand silence, on les entendrait
« encore, si on les écoutait avec la sympathie de
« leur ancien public. Quand on s'aime, comme
« dit le proverbe, on se comprend à demi-mot.
« Mais en politique on n'aime plus. Comptez les
« cœurs qui battent encore! Et puis qu'est devenu
« l'antique abonné, l'abonné de père en fils, cet
« homme respectable, marié à son journal, sous
« le régime touchant de la communauté spiri-
« tuelle? De jour en jour il disparaît et abandonne
« la place à une clientèle flottante, qui arrive
« aujourd'hui, qui part au bout de six mois, et
« qui ne forme pas plus un public aux journaux
« que des voyageurs qui passent dans une ville
« n'en sont les habitants. »

Le *Journal des Débats* résista seul au courant
qui emportait la presse, et resta debout dans son
antique simplicité comme le pontife d'un culte
disparu. Tel il avait été, tel il resta. La fermeté de

sa foi, le talent de sa rédaction ne varièrent jamais. Grand-prêtre de l'intelligence, il rend chaque jour le même culte à ses dieux.

A l'époque où nous sommes, les Michel Chevalier, les Cuvillier-Fleury, les Philarète Chasles et vingt autres également recommandables, viennent grossir le bataillon sacré de la rédaction où quelques vides se sont faits çà et là, entre autres le vide immense causé par la retraite de Chateaubriand.

Le *Journal des Débats*, suivant une expression de Lamartine, peu suspect de partialité en sa faveur, « semblait régner avec la monarchie, » et pourquoi pas le dire? il régnait effectivement avec elle. Il est partout. Bertin de Vaux le représente à la Chambre des pairs; MM. Saint-Marc Girardin, Chasles, Bertin de Vaux fils, Salvandy, à la Chambre des députés; M. Saint-Marc Girardin, au Collége de France; M. Bertin de Vaux fils, dans la maison militaire du Roi, en qualité d'aide de camp du duc d'Orléans; M. Cuvillier-Fleury, dans la vie intime de la famille royale, en qualité de précepteur du duc d'Aumale; MM. Guizot et de Salvandy dans le conseil des ministres. Il est partout, dans les ambassades, dans les préfectures, au conseil d'Etat, dans l'armée. Il touche à tout, il sait tout. Son influence dans les affaires augmente son importance dans la presse, et son importance dans la presse augmente son influence dans les affaires.

Et on s'étonnera après cela qu'il ait défendu M. Guizot contre toutes les attaques, on l'accusera d'aveuglement, de pusillanimité, on lui fera un crime d'avoir écrit, le 7 février 1848 :

« On a nié devant M. Guizot la responsabilité
« ministérielle, il s'est mis à parler. Cet homme
« qu'ils disaient abattu, terrassé, qu'ils croyaient
« avoir accablé sous les outrages, comme il s'est
« levé tout d'un coup! Ils le croyaient courbé
« sous la souffrance, et voici qu'ils le retrouvent
« devant eux, au-dessus d'eux, debout, l'œil en
« feu! Voici qu'ils voient apparaître au-dessus du
« marbre de la tribune cette figure ardente et
« pâle, illuminée par la fièvre et la colère du gé-
« nie! Encore une fois, c'était un spectacle dont
« ne peuvent se faire une idée ceux qui ne l'ont
« ni vu ni entendu. Comment le parti conserva-
« teur, le parti qui veut la monarchie, qui veut
« les rois, qui veut le Roi, qui veut la paix, l'or-
« dre et la liberté, comment ne serait-il pas or-
« gueilleux de suivre un tel chef, et de parler par
« un pareil organe? Au milieu des passions qui
« s'agitent et qui grondent autour de lui, com-
« ment ne se rallierait-il pas au cri poussé par
« cette voix toujours triomphante et cette âme
« toujours indomptable? »

Non, il faut suivre l'exemple que donnent les *Débats :* il faut user de modération et, sans les féliciter d'une conduite évidemment fâcheuse, puisqu'elle a amené le 24 février, ne pas leur imputer à crime sa persévérance et son dévouement.

Kant ne dit-il pas avec sa haute raison : « Les « hommes se flattent d'enchaîner le présent et l'a- « venir et oublient toujours de mettre à la fin de « leurs théories et de leurs raisonnements le si- « gne +. »

CHAPITRE XIV.

La révolution de février porta un rude coup au
Journal des Débats, mais il n'en fut pas abattu, et
ses efforts et son courage en acquirent une nouvelle force. Tout en se tenant dans la politique
expectante, il n'en combattit pas moins vivement
pour la liberté.

Il vit passer devant lui le gouvernement provisoire, puis le décret du 6 mars 1848, qui abrogea
les lois de septembre; les décrets des 22 et 27

mars, actes inintelligents et sans nécessité, qui
ouvrirent la vanne à la licence des journaux de la
rue, et préparèrent les funestes journées de juin et
les conséquences fatales qu'elles eurent pour la
presse.

Le 16 juillet 1850, l'Assemblée nationale vota
d'urgence cette loi, qu'on baptisa, cette fois sans
antiphrase, du nom de *Loi de haine :* on en sait les
conséquences. La tribune eut bientôt le sort du
journal; puis arriva le décret du 17 février 1852.

Au milieu de ces événements divers, le *Journal
des Débats* suit, grave, sévère et impassible, le cours
paisible de sa publicité. Le décret du 24 novembre
ne lui arrache aucune concession et ne le trouble
pas. Il continue son œuvre, et, dans le silence général, il fait entendre sa voix autorisée et exhorte
les gens de lettres à relever par le travail la presse
de l'abjection où elle est tombée, et il prêche
d'exemple.

Cependant, malgré sa prudence et sa circonspection, il reçoit cet avertissement :

« Le ministre de l'intérieur :

« Vu un article du *Journal des Débats* du 23
« décembre, sous la signature de M. Saint-Marc
« Girardin, commençant par ces mots : « Toutes
« les fois que l'Empereur, averti par la prudence, »
« et se terminant par ceux-ci : « Et ce qui vaut
« mieux encore, vivifier l'esprit public; »

« Vu notamment le passage suivant :

« Nous ne voulons pas non plus discuter avec
« M. Troplong sur les principes fondamentaux de
« la Constitution de 1852; nous en viendrions
« peut-être à dire, avec l'assentiment de bien du
« monde, que le principe fondamental de la Cons-
« titution de 1852, c'est l'Empereur, et que c'est
« se laisser aller à une illusion de jurisconsulte,
« toujours trop facilement épris des textes, que
« de croire que c'est l'Empire qui soutient l'Empe-
« reur, et non pas l'Empereur qui soutient l'Em-
« pire; »

« Attendu que cet article, écrit dans une pensée
« factieuse, cherche à ébranler la foi dans la force
« et la durée de nos institutions;

« Attendu que les doctrines professées dans cet
« article sont la négation flagrante des princi-
« pes sur lesquels le peuple français a voulu
« fonder le trône impérial et l'avenir de la dy-
« nastie;

« Vu l'article 32 de la loi de 1842 sur la presse;

« Arrête :

« Art. 1er. Un premier avertissement est donné
au *Journal des Débats,* dans la personne de
M. Saint-Marc Girardin, auteur de l'article incriminé, et dans celle de M. Edouard Bertin, gérant
de cette feuille.

12.

« Art. 2. Le préfet de police est chargé de l'exécution du présent arrêté.

« *Le ministre de l'intérieur,*

« F. DE PERSIGNY.

« Paris, le 24 décembre 1861. »

On a parlé de la décadence du *Journal des Débats*
et ceux-là ont allégué le témoignage des chiffres.
Le *Journal des Débats,* dit-on, est descendu dans
l'opinion publique dans la proportion de 20,000 à
9,000, chiffre de son tirage actuel. C'est une mauvaise raison capable seulement de convaincre les
esprits superficiels qui s'en rapportent à l'apparence et même ce n'en est pas une : les conditions dans lesquelles se trouve la presse ont bien
changé sa situation. Mais en admettant que ce
soit une raison, il aurait fallu ajouter, pour être
juste, que le *Journal des Débats* coûte, dans ce
temps de journaux à un sou, le prix relativement
énorme de 80 francs. En établissant une nouvelle
proportion et en calculant sur ce pied, on arrive
à un résultat sensiblement différent. Du reste,
nous n'attachons à tout ceci qu'une médiocre importance et nous offrons aux méditations des gens
sensés cette proposition de Montaigne :

Il dit, liv. II, ch. XII :

« Voyla comment la raison fournit d'apparence
« à divers effects : c'est un pot à deux anses, qu'on
« peut saisir à gauche et à dextre. »

Et, liv. III, ch. XI :

« Il y a du malheur d'en estre là, que la meil-
« leure touche de la vérité ce soit la multitude des
« croyants, en une presse où les fols surpassent de
« tant les sages en nombre. »

On a dit aussi que le *Journal des Débats* vivait
sur son importance passée comme sur un capital
qui ne produirait plus de revenus. Il n'en est rien.
Au milieu du silence général qui nous entoure,
sa seule voix a une valeur considérable. Est-ce à
dire, parce qu'on a bâillonné la presse, qu'elle n'a
aucun moyen d'exprimer les idées du temps? Non.
Une des plus grandes et la plus récente découverte,
c'est en histoire l'ordre hiérarchique des choses,
en d'autres termes, l'étude du sujet doit suivre
celle de l'objet. Et le *Journal des Débats* y a contribué pour une large part. Du reste, dans cet
ordre de choses que l'on sépare, je ne sais pourquoi, de la politique, il n'y a pas de contestations;
on reconnaît loyalement son autorité. Pourquoi la
nier en politique? Les *Débats* ne font-ils pas sous
les yeux du pouvoir un véritable cours de liberté?
Ils traitent magistralement la politique, et leur

voix, pour être voilée, n'en est pas moins parfaitement entendue.

La véritable mesure du degré d'influence qu'exerce en politique un journal, c'est le souci qu'en ont les chancelleries. Eh bien! il y a en France trois publications qui ont une importance capitale et jouissent du privilége de tenir les chancelleries attentives à leurs faits et gestes; c'est le *Correspondant*, organe du catholicisme éclairé; la *Presse*, organe des intérêts matériels, et, par-dessus tout, le *Journal des Débats*, organe de la philosophie, de la littérature et du bon sens, ce terrible ennemi de l'hypothèse, de l'arbitraire et des systèmes.

Et ce qui fait la force de ce journal, c'est sa mesure. Il ne répond point à l'anathème par l'anathème. Il n'a pas de passions. Sa froide raison dissèque ses adversaires, et, avec un art admirable, il montre à nu, sans provoquer le dégoût et soulever les clameurs, leur cœur gangrené ou le néant de leur cerveau.

Cependant, je le reconnais, le *Journal des Débats*, si progressif en toutes choses, a conservé une illusion qu'il partage avec bien des esprits excellents; c'est de croire à l'union de l'influence de la presse avec le génie des gouvernants pour l'établissement d'un gouvernement. C'est une erreur. La presse est le buste des peuples, si je puis ainsi parler, buste à mille têtes de différentes grosseurs et de différentes grandeurs ; mais un peuple n'a jamais que le gouvernement qu'il peut avoir, en d'autres termes, le gouvernement d'un peuple est l'expression de ses intérêts du moment. Il ne le soutient que parce qu'il l'a fait ou qu'il croit l'avoir fait, ce qui revient au même, ou simplement, parce qu'il s'imagine le soutenir.

L'illusion du *Journal des Débats* est digne de tous les respects. Tout en suivant l'opinion publique, tactique sage et habile, et de tradition, il rompt encore de temps à autre des lances en faveur d'une cause momentanément vaincue. Chaque jour, il rend sur son brillant et solide autel un culte à ses dieux disparus.

Il est d'autres questions que soulève l'examen de la situation actuelle des *Débats*, ce n'est pas ici le lieu de les traiter. Il nous est cependant permis de dire que notre époque, si calme et si paisible à la surface, est grossie d'orages au fond. Il est indispensable de parer aux éventualités. Le pays réclame des institutions plus larges. Les lui accorder et en surveiller l'usage doit être le constant objet des méditations d'une administration sage et éclairée. Jamais, je crois, il n'y eut plus de religion politique en germe. La société frémit et geint.

CONCLUSION

« Déchirez tout ce qui a été écrit sur les événements accomplis dans ces trente dernières années, et vous pourrez refaire cette histoire avec la collection des *Débats,* » a dit M. Hatin avec cet esprit d'équité qui le distingue. Qu'il me soit permis d'ajouter :

Sciences, haute littérature, philosophie, théâtre, arts, critique, tout s'y trouve analysé, reproduit, vivifié, en sorte que le *Journal des Débats* reste comme le document le plus complet et le plus précieux pour l'histoire générale des idées humaines. Quel journal, quelle encyclopédie même, présente de tels titres à l'admiration, au respect et à la reconnaissance des contemporains et de la postérité ?

J'ai écrit cette rapide esquisse avec la sincérité de mon cœur, sans espérance comme sans crainte.

Je n'ai rien caché de ce que je savais en bien et en
mal. L'admiration routinière et la haine aveugle
ôtent à la physionomie son accent : je me suis
tenu à égale distance de l'une et de l'autre. J'ai
tout indiqué, ne pouvant tout dire dans les étroites
limites qui m'enserrent. On me rendra cette justice
que ni l'intérêt ni la cautèle ne m'ont un seul instant sollicité ; mon langage répond de la droiture
de mes intentions et de l'intégrité de ma foi. J'ai
écrit parce que l'homme est né pour agir, et qu'il
ne faut pas que les bons se replient sur eux-mêmes,
les méchants auraient trop beau jeu.

Nota. — Nous avons puisé, pour notre histoire du *Journal des Débats*, dans les excellents ouvrages de MM. Hatin
et Alfred Nettement, ainsi que dans les *Grands Journaux de
France* de MM. Jules Brisson et Félix Ribeyre.

SECONDE PARTIE

LES ÉCRIVAINS (1) DES *DÉBATS*

ET LEURS ŒUVRES

(1) Nous avons classé les rédacteurs du *Journal des Débats* par ordre alphabétique : on comprendra aisément ce qui nous a fait agir ainsi.

13

M. Louis **ALLOURY**.

Jean-Louis-Antoine Alloury, dès son entrée au *Journal des Débats*, fut chargé de rendre compte des discussions des Chambres sous le règne de Louis-Philippe. Ce travail exigeait, surtout alors, des qualités de style et un jugement droit.

M. Alloury soutint sans relâche la monarchie de juillet et le ministère Guizot, contre les attaques des journaux de l'opposition libérale et avancée, le *Constitutionnel*, le *Siècle*, le *National*, la *Réforme*. Il mit à la défense du gouvernement de cette époque une grande vigueur et un remarquable talent.

M. Alloury n'ayant pas produit d'ouvrages, que nous sachions, son nom est naturellement peu populaire ; il est d'autant plus ignoré de la foule, que ses travaux se composent d'articles non signés, comme c'était l'usage au temps où M. Alloury tenait la plume si vaillamment.

Il se présenta, en 1846, aux électeurs du département de la Nièvre : les radicaux et les légitimistes, unis à cette époque, le firent échouer.

La révolution de février ne modifia en rien ses principes ; il resta fidèle au programme fondamental des *Débats*, le constitutionnalisme et la liberté.

Après le coup d'État, où tout fut réduit, Chambres et Presse, les journaux inaugurèrent le Bulletin politique. Aux *Débats*, le Bulletin fut confié principalement à M. Alloury, qui écrivit chaque jour un résumé substantiel de tous les événements importants, politiques ou autres. Il s'acquitta de cette tâche avec le talent sérieux qui le caractérise.

Grâce à la loi qui oblige le journaliste à signer ses articles, on a pu apprécier la valeur personnelle de chaque homme, et distribuer à qui de droit le blâme ou l'éloge. Cette obligation de la signature nous paraît tout à fait juste, équitable en tous points, et l'on doit regretter que cette loi soit à chaque instant violée par des signatures de complaisance. On voit, dans plusieurs journaux, le même nom à tous les articles d'un numéro. C'est par trop transgresser une loi démocratique, encourageante pour l'individu et utile au public qui doit connaître les hommes qui l'entretiennent tous les jours des intérêts généraux de la politique, du commerce et de tout ce qui intéresse l'homme et le citoyen.

On a dit que le journalisme était un sacerdoce, une mission, un enseignement. Nous le voulons bien. Mais si le journalisme est une chose si grande, si sainte, pourquoi se soustraire à la responsabilité? pourquoi se cacher comme quelqu'un qui commettrait une mauvaise action, une chose honteuse? Tous les écrits doivent être signés, c'est là une règle d'honnête homme qu'il faudrait suivre pour la moralité des journaux et des journalistes.

La signature des articles nous a permis de distinguer M. Alloury pour son style toujours ferme et plein, sa logique, sa solide instruction, et une connaissance parfaite des questions de politique générale. Il y a toujours profit à le lire.

M. Alloury a cédé la place à un nouveau venu, mais a-t-il pris sa retraite? M. Alloury n'est pas d'un âge à se retirer, cela ressemble plutôt à une abdication.

M. Alloury est né à Anisy (Nièvre), le 24 septembre 1805. Il a fait ses études au collége Sainte-Barbe, à Paris. Son professeur fut M. Cuyillier-Fleury qui lui ouvrit les portes du *Journal des Débats*.

M. Alloury abandonne-t-il le journalisme pour quelque œuvre d'histoire ou de philosophie?

Nous le souhaitons.

M. BABINET

(de l'Institut).

M. Jacques Babinet naquit à Lusignan (Vienne), le 5 mars 1794. Il suivit au lycée Napoléon les leçons de Binet, qui développèrent chez lui le goût des sciences physiques. Il entra successivement à l'École polytechnique et à l'École d'artillerie de Metz, et fut pendant quelque temps attaché au cinquième régiment d'artillerie.

. Sous la Restauration, il fut nommé professeur au collége Saint-Louis, et commença ses intéressantes recherches sur l'optique météorologique et minéralogique. De 1825 à 1828 il fit à l'Athénée un cours de météorologie qui attira un grand nombre d'auditeurs. Il fut ncmmé, en 1838, suppléant de Savary au Collége de France, remplaça Fresnel à la Société philomathique, et succéda à Dulong dans la section de physique générale de l'Académie des sciences.

On a de M. Babinet de savants mémoires sur la mesure des forces chimiques, sur la physique des corps impondérables, sur la théorie des vibrations, sur la masse de la planète Mercure, sur la détermination du magnétisme terrestre, etc., etc.

M. Babinet a rendu de grands services à la science

par la modification qu'il a fait subir à la machine
pneumatique, modification qui permet d'obtenir
une raréfaction plus parfaite, et par les perfection-
nements qu'il a apportés à l'atmomètre, à l'hy-
gromètre et au goniomètre.

Il a donné des articles scientifiques pleins d'humour et de facilité au *Journal des Débats* et au
Constitutionnel, auquel nous renvoyons pour de
plus amples détails.

M. BARRIÈRE.

On n'est pas obligé, en entrant au *Journal des
Débats*, comme dans les couvents d'autrefois, de
prononcer des vœux éternels; l'attrait, la liberté,
les égards, tout ce qui compose l'agréable et bonne
société, suffisent à retenir à tout jamais, dans une
confraternité spirituelle, l'écrivain qui a été admis
une fois dans les colonnes de cet organe de la libre
pensée.

C'était la volonté de M. Bertin, le dernier mort,
que cette perpétuité s'étendît aux employés et aux
ouvriers. Ce digne gérant exprima cette volonté,
un jour que, débauché un peu sévèrement, la veille

d'un premier jour de l'an, un compositeur se jeta
de la fenêtre de l'imprimerie sur le pavé. L'ouvrier
mourut sur le coup. M. Bertin, très-affligé d'un
pareil malheur, se fit rendre compte des causes du
suicide de ce malheureux. Il commanda au prote
de ne jamais renvoyer personne à l'avenir.

Cet ordre est-il maintenu ? le nouveau gérant
a-t-il trouvé, dans le testament de son prédécesseur,
ce paragraphe à l'article *humanité?*

M. Jean-François Barrière est un ancien dans
toute la force du terme ; il collabore aux *Débats*
depuis trente-cinq ans environ ; il se consacre tout
entier à la partie littéraire ; il affectionne surtout
les sujets historiques qu'il a étudiés avec suite et
profondeur, principalement l'époque de Louis XIV
et de Louis XV. Son mérite est de bien exposer et
d'être clair.

M. Barrière est un noble vieillard, gai et servia-
ble, qui touche à ses quatre-vingts ans bientôt. Il
jouira certainement du couronnement de l'édifice,
nous voulons dire que cent ans et plus lui seront
comptés libéralement.

M. Barrière est né le 12 mai 1786 ; il fut élève
de Sainte-Barbe ; il occupa une place de chef de
division à la préfecture de la Seine, qu'il quitta en
1848. Il donna sa collaboration à divers journaux,
de nuances différentes, avant d'entrer aux *Débats*.

M. Barrière publia, à diverses époques assez

éloignées, des ouvrages historiques : la *Collection
des Mémoires relatifs à la Révolution française*, 47
vol. in-8°; la *Bibliothèque des Mémoires relatifs au
XVIIIe siècle*, 22 vol.; deux volumes des *Mémoires
de madame Campan;* deux autres volumes intitu-
lés : *Mémoires du comte Loménie de Brienne;* puis
un *Essai sur les mœurs et les usages du XVIIe siècle;
Tableaux de genre et d'histoire; la Cour et la Ville
sous Louis XIV, Louis XV et Louis XVI.*

Il était temps que Dieu prêtât à M. Barrière
une longue existence pour lui permettre d'écrire
tant de volumes, et historiques; sans préjudice des
articles qui se succèdent dans les *Débats*.

On ne croirait jamais, en lisant M. Barrière,
qu'il a les quatre cinquièmes d'un siècle ; mais est-
on vieux quand l'esprit est encore plein de force
et d'élégance ?

Voltaire n'a jamais eu d'àge.

M. Barrière est de la race des éternels.

M. Henri BAUDRILLART.

Un soir, dans un salon, au milieu d'un groupe
attentif, Michel Chevalier exposait familièrement

un des problèmes les plus intéressants de l'économie politique.

Un jeune homme, à l'œil vif, écoutait dans un
coin les théories du maître.

Il se sentit bientôt invinciblement attiré vers
cette science, encore nouvelle, qui ouvrait à son
esprit des horizons inconnus.

La voie que cherche chacun de nous, et que souvent il ne rencontre que lorsque les jambes lui dé-
faillent pour la parcourir, venait de s'ouvrir tout
à coup devant lui.

Il se rendit familiers Adam Smith, Turgot, Bentham et les principaux économistes contemporains,
— et moins de deux ans après il dissertait docte-
ment sur le capital et sur la rente.

Arago demandait quatre ans pour faire d'un
avoué un savant astronome : on voit que les économistes se font en moins de temps. On prétend,
en outre, qu'ils sont plus utiles, et qu'ils ne se per-
dent pas dans les nuages.

Ce jeune homme s'appelait Henri Baudrillart.

Il est aujourd'hui professeur suppléant au Collége de France, chevalier de la Légion d'honneur,
gendre de M. de Sacy et lauréat de l'Institut.

Il a fait plusieurs ouvrages estimés d'un certain
public; on lit assez souvent ses articles du *Journal
des Débats :* il est donc juste que nous lui consa-
crions ces lignes.

* *

Henri Baudrillart est né à Paris le 28 novembre 1821. Il était le fils unique de Joseph Baudrillart, célèbre agronome et légiste distingué auquel on doit d'intéressants travaux sur la culture des arbres et l'aménagement des forêts, et un dictionnaire des pêches.

Le futur économiste fit ses études au collégé Bourbon (aujourd'hui lycée Bonaparte), et remporta le prix d'honneur de philosophie en 1841.

Il obtint, en 1846, le prix d'éloquence pour son éloge de Turgot, et, en 1850, pour l'éloge de madame de Staël.

En 1852, il fut appelé à la suppléance de M. Michel Chevalier au Collége de France.

Enfin il a épousé la fille de M. de Sacy dont les tendances orléanistes sont assez connues.

Nous ignorons, — cela du reste nous importe peu, — si M. Baudrillart navigue dans les mèmes eaux politiques que son célèbre beau-père, et nous sommes tout disposé à prendre pour une calomnie propagée par l'envieuse médiocrité cette anecdote que nous lûmes naguère dans quelques journaux étrangers, et où il était rapporté qu'on avait vu le gendre de M. de Sacy dans un fort beau château, près de Paris, chez de très-illustres hôtes.

Cela serait-il vrai d'ailleurs, que M. Baudrillart aurait accepté cette princière hospitalité uniquement pour étudier sur le vif, en économiste consciencieux, la *répartition* et la *consommation* des richesses.

Nous craignons que M. Baudrillart ne marque pas dans la science, car il n'a, jusqu'à ce jour, attaché son nom à aucune théorie, il n'a élucidé aucune question, il n'a détruit aucune erreur, il n'a découvert aucune loi, il n'a apporté aucun fait nouveau.

Son *Manuel d'économie politique* est un livre honnête, qui se laisse lire. C'est un résumé consciencieux de vingt traités fait avec clarté et méthode. Le style en est malheureusement assez incolore, quelquefois filandreux, souvent même diffus et obscur.

Tel qu'il est cependant, c'est le plus substantiel et le meilleur traité d'économie politique que l'on puisse mettre entre les mains d'un jeune homme. Il présente l'utilité d'un manuel de la collection Roret : c'est le plus bel éloge que nous en puissions faire.

Les *Publicistes modernes,* livre composé en grande partie d'articles parus dans le *Journal des Débats* et dans la *Revue des Deux-Mondes,* présentent une

exposition fidèle et une appréciation consciencieuse, mais quelquefois inexacte, des hommes et
des théories.

M. Henri Baudrillart déclare, dans sa préface,
qu'il a composé ce livre pour défendre la société
moderne contre les penseurs révolutionnaires, la
liberté contre les écrivains absolutistes, le progrès
moral et matériel contre les publicistes rétrogrades.

Nous croyons que M. Henri Baudrillart se fait
illusion sur la portée de son livre.

C'est une galerie intéressante de portraits plus
ou moins ressemblants, mais ni les penseurs révolutionnaires, ni les publicistes rétrogrades n'ont
dû être pulvérisés par l'apparition de cette œuvre
vengeresse.

Il y a dans ces pages des erreurs et des aperçus
superficiels.

M. Baudrillart ne paraît pas avoir compris le
génie étrange et paradoxal de Joseph de Maistre,
« ce prophète du passé, » comme l'appelait Bal-
lanche. Il lui reproche, après tant d'autres, le panégyrique du bourreau et l'exagération avec laquelle il insiste sur l'idée d'expiation.

Il l'accuse de chercher à faire peur. Une pareille
critique est puérile.

M. de Maistre s'est proposé un tout autre but
que de froisser notre délicatesse et nos instincts

d'humanité. Il y a, selon lui, des institutions qu'on ne peut expliquer que par une donnée surnaturelle.

Le bourreau, dit-il, est la *clé de voûte* de la société. D'où vient donc cette répulsion instinctive, cette horreur universelle que son nom seul inspire? Et s'il est vrai qu'aucune société ne saurait subsister sans lui, pourquoi ne pas honorer, à l'égal du magistrat qui fait dresser l'échafaud, le bourreau qui exécute la sentence ?

Il y a là quelque chose d'étrange et de mystérieux. M. de Maistre explique cette inconséquence que la raison est impuissante à justifier, par l'élément surnaturel, et il en conclut que le bourreau, comme la guerre, est dans les desseins providentiels.

Il y a loin de cette théorie, vraie ou fausse, à cette sauvage apologie de la torture et de la roue qu'on a coutume de lui reprocher.

Il y aurait bien des réserves à faire sur ce que dit M. Baudrillart de Maine de Biran, ce métaphysicien du *moi* qui employa sa vie à *se regarder passer*, et sur la critique qu'il fait de la théorie des sentiments moraux d'Adam Smith empruntée à Hutcheson.

Mais c'est surtout dans le chapitre qu'il a consacré à Louis Blanc que les erreurs abondent.

Il faut y mettre de la complaisance pour vouloir

rattacher les théories de ce réformateur à l'Essé-
nianisme juif, à l'*Utopie* de Thomas Morus et à la
Cité du soleil de Campanella.

C'est une entreprise assez difficile que de vouloir faire de Louis Blanc un disciple de Cabet ou
des rédacteurs de l'*humanitaire*, et ce n'est pas
avoir compris son livre si remarquable de l'*Organisation du travail* que de lui prêter l'idée impraticable de l'abolition de la concurrence. Louis
Blanc n'a jamais soutenu cette thèse ridicule.

Frappé des effets meurtriers que produit la concurrence, il s'est demandé s'ils ne résulteraient pas
du milieu social dans lequel elle fonctionne. Selon
lui, le mal serait tout entier dans l'individualisme
effréné de nos sociétés modernes, et il n'y aurait
d'autre remède que le principe vivifiant de l'association.

Ainsi, loin d'étouffer la concurrence, il l'orga-
nise en nous indiquant les nouvelles conditions
sociales dans lesquelles le développement de la
liberté individuelle se concilierait pleinement, selon lui, avec l'ordre général.

Quant à Proudhon, il est anathématisé avec une
indignation vraiment comique. M. Henri Baudrillart le prend de très-haut avec lui. L'ironie et le
sarcasme débordent de ses lèvres.

Certes, il est facile de se moquer agréablement
des antinomies hégéliennes, de l'identité du *oui*

ou du *non,* de la gratuité du crédit et de la banque du peuple.

Ces gentillesses ne prouvent que la frivolité d'un esprit qui s'attache aux petits aspects des choses et aux petits côtés des hommes.

Il faut un bras vigoureux pour entamer la peau d'un Proudhon : on ne se débarrasse pas d'un homme tel que lui en lui faisant de petites grimaces et en lui disant de gros mots.

Nous nous sommes étendu sur les *Publicistes modernes,* parce qu'ils nous ont paru l'œuvre capitale de M. Baudrillart.

On les parcourt volontiers du pouce dans une heure de loisir et l'on s'y plaît en somme.

M. Henri Baudrillart est aussi l'auteur d'un mémoire intitulé *Jean Bodin et son temps.* On y trouve une analyse curieuse d'un livre étrange de Bodin, l'*Heptaplomeres,* ou « dialogue sur les arcanes des choses sublimes. »

L'Académie française a couronné ce mémoire qui nous présente sous son vrai jour une des figures les plus intéressantes et des moins connues du xvie siècle.

Jean Bodin a été comparé justement à Montesquieu. Il n'était donc pas sans intérêt d'étudier cet
homme bizarre qui, dans sa *Démonologie*, élevait la
sorcellerie à la hauteur d'une science et qui, de la
même plume, creusait les problèmes les plus ar-
dus de la politique et de la philosophie.

Aussi, devons-nous féliciter M. Baudrillart de
cette œuvre utile et consciencieuse.

Ces trois ouvrages forment à peu près tout le
bagage littéraire et scientifique du jeune professeur.

Ses articles du *Journal des Débats*, sans avoir la
clarté et les riches développements de ceux de
Michel Chevalier, sont lus avec plaisir.

On prétend qu'il jouit au *Journal des Débats*
d'une certaine influence qu'explique suffisamment
d'ailleurs son alliance avec M. de Sacy.

M. Henri Baudrillart est, en somme, un auteur estimable, élégant, et souvent instructif.

M. BERSOT.

M. Bersot (1) est une des dernières recrues du *Journal des Débats*. Après avoir passé de longues années dans l'instruction publique à Bordeaux, à Rennes et à Versailles, il donna sa démission pour refus de serment, après le coup d'Etat de 1851, montrant ainsi d'une manière éclatante que son caractère était à la hauteur de son talent.

M. Bersot, qui vient de poser sa candidature à l'Académie des sciences morales et politiques, est l'auteur de travaux philosophiques fort estimables, parmi lesquels nous citerons sa thèse sur le doctorat, sur la *Liberté et la Providence d'après saint Augustin* et un traité du *Spiritualisme et de la nature.*

Ces deux ouvrages ont été refondus par lui d'après un plan tout nouveau et publiés sous le

(1) Pierre-Ernest, né en 1816 à Surgères (Charente-Inférieure), d'un père suisse, se fit naturaliser en 1848. Il fut successivement maître d'études à Bordeaux, professeur à Rennes, secrétaire particulier de M. Cousin, professeur de philosophie à Bordeaux, professeur à Versailles. Démissionnaire en 1851 pour refus de serment, il est entré au *Journal des Débats* en 1859.

titre d'*Essai sur la Providence*. Cet *Essai*, dont le
style est d'une limpidité parfaite, est jusqu'à ce
jour son principal ouvrage. Après avoir montré
que l'idée de Dieu s'acquiert par la science et la
vertu, il glisse, un peu trop rapidement peut-être,
sur le problème de la création et aborde la question éternellement ¡discutée de l'accord de la pre-
science divine et de la liberté humaine. Il passe
ensuite au redoutable mystère de l'origine du mal.
Cette partie nous paraît être la mieux traitée de
tout l'ouvrage. Il examine et discute avec beaucoup de sagacité les différentes explications qui ont
été proposées : le dualisme manichéen, la coéternité
de la matière, la chute originelle et l'hypothèse
hardie de Spinosa, qui nie l'existence du mal dans
la création. Il termine par un chapitre substantiel
sur l'athéisme et ses diverses manifestations.

Il y a en effet deux sortes d'athéisme. Il y a
l'athéisme élémentaire de l'antiquité, qui met la
simplicité à la place de la complication, et prétend
tout créer avec le vide et les atomes. C'est l'athéisme
du baron d'Holbach : doctrine froide, morne et
désolée, qui ne supporte pas la discussion. Mais à
côté de cette doctrine grossière, il y a l'athéisme
contemporain, qui s'est rajeuni par l'étude de la
physiologie et de l'anatomie comparée. Les générations spontanées, la chaîne continue des êtres,
l'influence des milieux et l'unité de plan, telles

sont les grandes vues du nouvel athéisme, auquel on ne peut refuser la prétention de former un système scientifique respectable.

M. Bersot le combat avec beaucoup de souplesse et d'habileté, et termine par une page éloquente sur la superstition.

Outre cet important ouvrage, M. Bersot a publié un livre intéressant sur Mesmer et le magnétisme (*Bibliothèque des chemins de fer*), des études sur le XVIIIe siècle, qui ont paru dans la *Liberté de penser*, et des lettres sur l'enseignement secondaire, qui renferment les premières attaques contre l'organisation actuelle de l'enseignement. On a également de lui la *Philosophie de Voltaire*, sorte de mosaïque composée d'extraits de ce philosophe, distribués dans un ordre méthodique, et une excellente étude sur Diderot.

M. Bersot rend compte au *Journal des Débats* des ouvrages de morale et de philosophie. Il le fait avec une élégance soutenue et une connaissance approfondie de la matière. Son style est remarquable par sa clarté et sa simplicité.

Il ne recherche pas l'effet : il dit ce qu'il faut et rien de plus, chose rare chez un philosophe.

M. Édouard **BERTIN** (1).

Héritier d'un nom illustre, M. Edouard Bertin dirige le *Journal des Débats* depuis 1854, avec le tact, la souplesse et l'habileté de son père et de son oncle. Jusqu'à cette époque, il ne s'était occupé que de peinture. Il avait été l'élève de Girodet et de Bidault, et avait reçu sous Louis-Philippe, comme inspecteur des beaux-arts, une mission artistique en Italie.

On a de lui une *Vue de la forêt de Fontainebleau*, d'un style pur et sévère ; une *Vue des Apennins* et un *Christ au mont des Oliviers*, qui orne une des chapelles de Saint-Thomas d'Aquin. Ces tableaux sont remarquables par la correction de la ligne, l'élévation de la pensée et la vigueur du coloris. Il a fait aussi une suite de dessins, représentant les principaux sites de la France, de la Suisse, de l'Italie, de la Grèce, de la Turquie et de l'Egypte.

Etranger toute sa vie au journalisme, M. Edouard Bertin s'est montré dès les premiers jours à la hauteur de sa tâche. Il reçoit, il est vrai, de M. de Sacy,

(1) Bertin (Edouard), fils de Bertin l'aîné, né à Paris en 1797.

un concours aussi ferme qu'éclairé. Le *Journal des Débats* conserve entre ses mains son ancienne réputation de goût et de mesure; et de tous les organes de l'opinion, c'est, grâce à lui, sinon le plus influent, du moins le plus habile et le plus intelligent.

M. CHASLES (Philarète).

M. Charles-Victor-Euphémion Philarète Chasles, fils du conventionnel Louis Chasles, naquit à Mainvilliers, près de Chartres, le 8 octobre 1799.

Il nous a raconté lui-même, dans ses *Souvenirs de jeunesse*, l'histoire de ses premières années, son emprisonnement à la Conciergerie à l'âge de quatorze ans, et son séjour en Angleterre parmi les puritains du Northumberland.

M. Philarète Chasles est un de ces talents souples et complexes qui échappent à l'analyse. Il a créé la critique étrangère et préparé la fusion des nationalités. Il rapporte toutes ses études au développement des destinées de l'homme, et il s'attache à nous montrer les transformations successives de l'humanité à travers les phases de la vie sociale.

Il a réuni sous le titre général d'*Etudes* les innombrables articles qu'il avait dispersés dans tous les recueils littéraires de l'Europe. Il faut citer parmi les plus remarquables ses portraits de Jérémie Bentham, d'Ugo Foscolo, de Coleridge et son étude sur Franklin qui est une découverte et une révélation...

Nous ne saurions passer sous silence ses beaux travaux sur le comte de Shaftesbury, ce génie de l'intrigue et de la conspiration; sur William Temple, l'ambassadeur philosophe, qui a attaché son nom au traité de la triple alliance; sur Guillaume III, le sombre et silencieux stathouder; sur Robert Walpole, qui fonda le crédit de l'Angleterre; sur Edmond Burke, l'ami de Fox, de Pitt, de Windham et de Sheridan, l'adversaire implacable de Warren Hastings, le spoliateur de l'Inde.

Nous mentionnerons également ses savantes analyses d'*Hamlet*, de *Macbeth*, de *Roméo et Juliette*, et ses essais sur Daniel de Foé, Chatterton, Macpherson, Charles Lamb, Chesterfield, Fielding et Richardson, et sur la fameuse sorcière du mont Liban, lady Esther Stanhope, reine de Tadmor. — Il traduit de l'allemand le *Titan* de Jean-Paul Richter, ce rêveur fantasque, bizarre et satirique, et écrit un grand nombre d'articles en anglais.

Observateur spirituel et mordant, organisation

merveilleusement souple, talent universel, M. Philarète Chasles est un des écrivains les plus sympathiques de la littérature contemporaine. — Son style a de la couleur, de la jeunesse et de la santé. Sa plume court gaillardement en avant, tout en cueillant les fleurs du sentier et les baies du buisson. Ses livres amusent et instruisent : c'est un défaut que bien des gens ne lui pardonnent pas. Il ne sera jamais de l'Académie... mais M. Autran et M. Doucet (1) en seront. Voilà de quoi le consoler.

M. Clément CARAGUEL.

Saluons l'avénement au *Journal des Débats* de ce vaillant écrivain, de ce journaliste distingué qui, depuis longues années, s'efforce de faire revivre une feuille dont les destinées furent brillantes jadis : je veux parler du *Charivari*.

M. Caraguel sera *aux Débats* à sa vraie place. Nul mieux que lui ne résume plus habilement, avec plus de clarté et de logique les situations politiques

(1) Il en est !

les plus inextricables, et nous félicitons le *Journal des Débats* de lui avoir confié le bulletin de M. Alloury.

N'ayant pas encore pu apprécier M. Caraguel à son nouveau poste, c'est dans le volume consacré au *Charivari* que nous l'étudierons spécialement.

Nous nous bornerons, aujourd'hui, à lui témoigner toute la satisfaction que nous avons éprouvée en apprenant sa bonne fortune, et à lui souhaiter, *aux Débats,* un succès que son talent lui acquerra promptement, nous en sommes convaincu.

M. CHEMIN DUPONTÈS.

Chef de bureau au ministère du commerce et des travaux publics, M. Chemin Dupontès traite avec succès, dans le *Journal des Débats*, les questions de statistique industrielle et de géographie commerciale.

Il a collaboré activement au Dictionnaire du commerce et de la navigation et à l'Annuaire d'économie politique.

Nous citerons de lui les articles : Adélaïde, Aden,

Alep, Alexandrie, qui sont traités avec une grande richesse de développements : situation stratégique, mouvement de la navigation, industrie, commerce, poids et monnaies, mesures agraires et de capacité, cours du change, usages locaux, rien n'est oublié dans cette nomenclature aussi instructive qu'inté-ressante.

Son article *Importations et Exportations* est un véritable traité sur la matière.

M. Chemin Dupontès y trace l'histoire de nos exportations depuis le premier Empire, et il mon-tre une fois de plus que la fameuse théorie dé la *balance du commerce* est une théorie vide de sens.

Chacun sait que, dans ce système, la nation qui importe plus qu'elle n'exporte perd la différence.

Cette théorie, qui a engendré tant de mesures désastreuses, a encore quelques défenseurs : il ne nous paraît donc pas inutile de rappeler ici l'erreur qui lui sert de fondement et les arguments qu'on lui oppose.

La monnaie métallique est un étalon conven-tionnel de valeur pour toutes les autres marchan-dises, et dès lors le signe de la richesse.

De fausses idées sur les métaux précieux l'ont fait regarder comme la richesse elle-même, et le peuple qui, chaque année, en a reçu le plus, est censé avoir en sa faveur la balance du commerce.

Mais on a tort de croire qu'une nation est d'autant plus riche qu'elle possède plus de monnaie métallique.

D'abord, un pays en a toujours autant et n'en a jamais plus qu'il ne lui en faut pour ses transactions : s'il en a moins, elle hausse de prix, et les étrangers, qui trouvent leur profit à la lui vendre, lui en apportent ; s'il en a plus, elle baisse et il l'exporte là où elle est plus recherchée.

Pour la monnaie métallique, comme pour toute marchandise, le besoin est la mesure de la valeur, et le niveau s'établit entre toutes les contrées.

Nous allons plus loin : il faut distinguer dans la monnaie métallique la matière et l'empreinte. Comme matière, elle est marchandise ; comme empreinte, elle est signe.

Si l'on pouvait faire en sorte que le signe subsistât après qu'on en aurait séparé la matière, on emploierait celle-ci à d'autres usages, et l'on n'aurait aucune valeur dormante.

C'est ce qui a lieu par la création de la monnaie de papier.

Un pays est donc d'autant plus riche, qu'il conserve moins de monnaie métallique, qu'il y supplée davantage par le crédit.

L'Angleterre est à la tête de l'industrie. C'est le pays qui a fait les plus grands pas dans la carrière des applications utiles, et c'est celui qui a en circulation le moins de monnaie métallique.

Une autre réflexion vient encore saper le système de la balance du *commerce :* c'est que l'utilité des monnaies ne consiste, sauf le change, que dans leur emploi pour l'achat d'autres produits.

Il s'ensuit que, pour une nation, il vaut beaucoup mieux recevoir ceux-ci directement en échange que d'avoir ensuite à se les procurer avec des monnaies.

Un particulier qui veut seulement se défaire d'un article, un négociant qui ne vend qu'une espèce de produits ne peuvent, en général, en prendre d'autres en échange : ils préfèrent l'argent, type universel de valeur, et dès lors facilement échangeable contre tous objets.

Mais une nation vendant ou consommant des produits de toute nature peut les accepter tous en paiement.

Ce système de la balance du commerce, appelé aussi *système mercantile,* a été réfuté jusqu'à l'évidence par Quesnay, Turgot, Adam Smith, et surtout par Jean-Baptiste Say, dans sa célèbre théorie des *Débouchés.* Néanmoins il compte encore en France quelques partisans.

En 1834, le rapporteur d'une commission s'exprimait ainsi à la tribune : « La nation la plus riche est celle qui exporte le plus et qui importe le moins. » D'où il suit, ont répondu MM. Villiers et Bowring, que le meilleur moyen de s'enrichir, pour une nation, serait de jeter pour rien ses produits hors de ses frontières.

Le 26 mars 1850, M. Mauguin rajeunissait, dans son langage incisif, ce vieux thème rebattu, devant une chambre attentive et quelques protestations isolées.

Vers la même époque, au grand meeting de Manchester, M. Gibson, un des principaux ligueurs, tenait un langage bien différent que nous croyons devoir mettre sous les yeux du lecteur, parce qu'il nous paraît résumer complétement la question.

« On dit que nos importations ont plus de valeur que nos exportations. S'il en est ainsi, tant mieux.

« Ce serait une chose singulière que nos marchands exportassent leurs marchandises pour recevoir, en retour, des produits qui auraient la même valeur, et si nos importations ont excédé nos exportations, c'est que nous y avons gagné.

« Mais, dit-on, une quantité d'or est sortie du pays, notre numéraire a été exporté. — Si la balance a été soldée en numéraire, c'est parce que le numéraire était, à cette époque, la marchandise la moins chère et qu'il y avait du bénéfice à l'exporter plutôt que les autres marchandises. »

Voilà la vérité. Les produits se paient avec les produits, comme l'a victorieusement démontré J.-B. Say.

14.

La règle et le but de toute société doit être d'importer beaucoup et d'exporter beaucoup.

M. Chemin Dupontès fait ressortir cette vérité d'une manière irréfutable.

Il démontre qu'en dépit des prohibitions, notre industrie a quadruplé en 32 ans son débouché extérieur, et il prouve, par un tableau comparatif du mouvement du numéraire et des marchandises, que tout homme sérieux doit désormais répudier ces rêveries.

Son article sur les *matières d'or et d'argent* n'est pas moins remarquable. C'est un historique très-bien fait du régime douanier auquel sont soumises l'entrée et la sortie de ces matières, — régime qui découle en partie de l'application du droit de garantie ou de contrôle, établi par la loi du 9 brumaire an VI.

Enfin, il a donné à l'Annuaire d'économie politique quelques articles sur le commerce extérieur de la France, où il examine particulièrement les effets du transit sur les industries indigènes.

Ces différents travaux, et les articles trop peù nombreux qu'il a publiés jusqu'ici dans le *Journal des Débats*, out fait à M. Chemin Dupontès une réputation méritée de savant statisticien et d'économiste distingué.

Sa situation au ministère du commerce et des travaux publics le met à même de rendre d'importants services à la science dans les questions si difficiles de statistique industrielle, et son talent fait regretter que son nom ne paraisse pas plus souvent à côté de ceux de Jules Duval et de Michel Chevalier.

M. Michel **CHEVALIER** (1).

M. Michel Chevalier doit être compté au nombre des hommes qui ont eu le plus d'influence, qui ont le plus marqué de notre temps, dans les questions industrielles qui, depuis la grande et immortelle

(1) C'est à Limoges, le 13 janvier 1806, qu'est né M. Michel Chevalier. Fils aîné d'un modeste commerçant, il fut placé, à l'âge de dix-huit ans, à l'Ecole polytechnique, si justement renommée pour la forte instruction qu'on y reçoit, et où l'on ne forme pas seulement des savants, mais des hommes aimant la justice et l'humanité.

En outre des ouvrages que nous avons cités, M. Chevalier a publié : *Histoire et Description des voies de communication aux Etats-Unis et des travaux qui en dépendent* (1840). — *Cours d'Economie politique* (1842-1850). — *Essais de politique industrielle* (1843) — *L'isthme de Panama* (1844). — *La Liberté aux Etats-Unis* (1849). — *Examen du système protecteur* (1851). — Puis sa collaboration à la *Revue des Deux-Mondes*, au *Journal des Débats*, au *Journal des économistes* et au *Dictionnaire d'économie politique*.

Révolution, se sont développées avéc une force incomparable, avec une puissance inouïe.

M. Chevalier était, du reste, préparé à un rôle sérieux par l'instruction qu'il avait reçue, dans sa pleine jeunesse, à l'Ecole polytechnique, où il fut admis à l'âge de dix-huit ans.

Il débuta dans la vie publique par une adhésion au saint-simonisme, qui était, aux environs de 1830, la pensée dominante d'hommes jeunes et pleins de foi dans un avenir meilleur.

Saint-Simon, quoique né de grands seigneurs, profondément ému du sort des masses, entreprit d'y remédier. Sa critique de notre état social et de notre civilisation est un chef-d'œuvre d'observations vraies ; le tableau qu'il a tracé des vices de la société est effrayant, sans jamais être exagéré.

Après avoir ainsi condamné le monde, c'est-à-diré son organisation sociale, Saint-Simon se fit un devoir de présenter des idées organiques supérieures ; il rédigea son *Utopie*.

Ses principales idées méritent d'être mentionnées :

Il repoussait la distinction du temporel et du spirituel ; il voulait l'unité dans la direction du corps et de l'âme, parce que, pensait-il, la conséquence de cette division était le sacrifice du corps.

Le chef de l'Etat devait être proclamé sous le nom de *Père*.

La société partagée en trois classes :

Les savants, les artistes et les industriels.

Les plus grands, parmi ces trois classes, inspirés par la conscience de leur valeur, auraient dirigé la société.

Le signe de leurs capacités se trouvait dans leurs œuvres, et c'est à cela que la famille humaine doit les reconnaître.

L'autorité, du reste, était nulle, à peu près nulle, puisque l'affection devait être le lien de cette nouvelle société que l'amour surtout était appelé à conduire.

Ils avaient proclamé l'émancipation de la femme ou l'égalité des sexes.

En résumé, Saint-Simon avait conçu un noble projet de difficile exécution; il voulait que l'humanité ne formât qu'une seule famille, la terre un seul champ, une culture commune, et que les fruits fussent répartis avec équité entre tous les coopérateurs.

Cette société plaçait à son frontispice ce double principe :

A chacun suivant sa capacité;

A chaque capacité selon ses œuvres.

Telles sont les idées sociales, privées de leur forme séduisante, auxquelles M. Chevalier s'était tout d'abord dévoué.

Plusieurs articles, insérés au *Globe*, l'avaient

fait connaître et justement apprécier; il obtint bientôt la direction de ce journal qui le fit distinguer.

Il prit ensuite une part très-active à toutes les publications, entre autres à une sorte d'Evangile intitulé le *Livre nouveau*, ainsi qu'à des prédications, qui lui valurent une condamnation à un an de prison.

La prison, qui n'eut pas toute sa durée, avait porté conseil au néophyte, qui crut devoir rétracter quelques-unes de ses attaques contre la religion chrétienne, qui ne se porta pas plus mal des attaques qu'elle ne se portait mieux des rétractations.

A ce moment, en homme d'Etat, en homme vraiment gouvernemental, M. Thiers, avec ce tact qui convient à quiconque est chargé d'un portefeuille, crut devoir, par intérèt pour le jeune homme et pour la France, envoyer M. Chevalier aux Etats-Unis, chargé d'une mission, mot banal qui pourrait signifier convalescence, ou temps raisonnable laissé à un malade d'idées pour opérer une guérison définitive des utopies dont il a été poursuivi et atteint.

Une mission acceptée opère toujours bien : le malade revient, à son heure, radicalement guéri. On ne compte pas un seul cas de rechute.

M. Chevalier ne voulut pas qu'il y eût une solu-

tion de continuité dans la tradition, il se conforma
à la règle sans exception, et, des Etats-Unis où il
était en mission, il envoya au *Journal des Débats*
plusieurs articles remarqués, qui furent ensuite
publiés sous le titre de *Lettres sur l'Amérique du
Nord*.

Environ deux ans après, en 1838, il publia un
livre très-remarquable, intitulé : *Des intérêts matériels en France, travaux publics, routes, canaux,
chemins de fer*.

Désormais, M. Chevalier était posé, il n'avait
plus qu'à attendre les honneurs ou les honneurs à
l'attendre.

Ni lui ni eux n'attendirent longtemps. M. Chevalier fut bientôt et sans intervalle nommé chevalier de la Légion d'honneur, conseiller d'Etat,
membre du Conseil supérieur du commerce et du
Conseil royal de l'université. Tout cela pleuvait.

Puis, en remplacement de M. Rossi le cosmopo-
lite, il occupa la chaire d'économie politique au
Collége de France, en 1840.

Il fut réintégré dans le corps des mines sous le
titre d'ingénieur de première classe.

Quelque chose manquait à sa gloire ou à ses
intérêts, à votre choix, lecteurs, c'était la qualifi-
cation de député.

En parfait accord avec les doctrinaires, ceux-ci
ne pouvaient que répondre à ce vaste et patriotique

désir. Aussitôt l'administration s'empressa de pré-
parer les moyens de faire arriver à la Chambre cet
homme complétement dévoué au système.

Tout réussit à merveille, et M. Chevalier fut
député comme tant d'autres, sans éclat et sans
gloire.

Un immense événement, l'espoir du peuple, en
un mot, la république proclamée en 1848, ébranle
les trônes des rois, en brise quelques-uns, et ren-
verse de leur situation bien des particuliers pour-
vus de places et d'honneurs. M. Chevalier perdit
toutes ses fonctions; aussi, soit par conviction ou
par vengeance, si pareil sentiment peut entrer
dans son âme, il se jeta dans l'opposition et fit de
la contre-révolution. Il s'en prit surtout aux écoles
socialistes, sans en excepter le saint-simonisme,
qui l'avait compté, comme on l'a vu, parmi ses
plus précieux disciples.

Il attaqua les idées sociales au nom des principes
de l'économie politique dans un ouvrage qui porte
le titre de : *Lettres sur l'organisation du travail et la
question du travailleur*. Son influence, à cette
époque, fut celle d'un soldat, ni plus ni moins.

L'expérience sera donc toujours à recommencer!

L'économie politique, dont les principes de liberté ont été contestés par le système des mono-
poles corporatifs et qui n'ont été admis que grâce
à une révolution capitale qui a broyé un monde,

cette économie, à peine acceptée, se fait à son tour intolérante.

Forte de sa position officielle, elle crie: Qui vive! à l'idée nouvelle et s'oppose à son entrée. Et par qui cette idée est-elle contestée? Par un ancien apôtre de l'idée nouvelle.

L'économie n'est pas une science si parfaite qu'elle doive dédaigner les théories de fraîche date; elle a bien des lacunes que, seules, les écoles socialistes combleront.

D'ailleurs, dans la république des idées, philosophiques, religieuses ou économiques, il n'existe pas de droit d'aînesse, elles sont toutes égales devant la vérité.

Il ne devrait y avoir ni économie politique, ni socialisme, mais une *science sociale*, toujours perfectible. A quoi bon des systèmes, des écoles, des limites? On doit chercher la vérité qui est une, et se garder de la baptiser de noms qui deviennent des mots d'ordre de guerre civile.

M. Chevalier ne resta pas longtemps éloigné du pouvoir; une révolution par en haut lui donna plus qu'il n'avait perdu; d'abord il remonta dans la chaire d'économie politique au Collège de France; bientôt il fut nommé membre du conseil d'Etat, le premier et le plus important pouvoir de ce temps.

Le nouveau conseiller d'Etat prit une grande

part au traité commercial conclu avec l'Angleterre.
Le libre-échange, — car c'est de cela qu'il s'agit,
— a toujours été la pensée dominante de M. Chevalier, sous le règne de Louis-Philippe comme
sous l'Empire. Il y avait, à cet égard, communauté
de sentiment avec tous les économistes, professeurs
officiels ou non.

On peut se rappeler la démarche des libres-
échangistes près de M. Guizot, alors ministre, qui
leur fit cette réponse hétéroclite, peu compromettante et complétement dépourvue de hardiesse.

M. Guizot leur dit : « Soyez forts, je vous sou-
tiendrai, » ce qui équivaut à dire : Quand vous
pourrez vous passer de moi, je vous accorderai
mon appui. On fit une propagande active ; on
combattit pour le libre-échange sous toutes les
formes : journaux spéciaux, brochures, livres,
discours.

Le gouvernement de Juillet ne sortit pas de son
indifférence, et laissa à d'autres l'honneur de résoudre cette question importante pour tous les
intérèts, matériels et moraux, qui se trouvent im-
pliqués dans cette affaire.

M. Chevalier, envoyé à Londres, négocia le traité
de commerce ; sa mission fut couronnée d'un plein
succès.

Ce qui n'était qu'une théorie, dangereuse et
compromettante aux yeux d'un grand nombre

d'industriels, est devenu un fait positif très-avantageux pour nos intérêts nationaux. Aujourd'hui, le traité du 15 septembre est approuvé par tout le monde, amis et ennemis. Cette victoire pacifique est due surtout, il faut le reconnaître, à M. Michel Chevalier, qui fut l'ardent promoteur de cette mesure essentiellement libérale et bonne en tous points.

La récompense personnelle suivit immédiatement le service : l'heureux négociateur fut appelé à siéger au Sénat, où il ne brilla, à notre connaissance du moins, qu'une seule fois.

Il s'agissait du taux légal de l'argent. Fallait-il conserver la loi ou l'abroger? M. Chevalier se prononça encore cette fois pour la liberté contre M. Dupin l'aîné, qui parla pour le maintien d'un taux légal.

Qui est dans le vrai? Ni l'un ni l'autre peut-être. Quant à nous, nous croyons que la liberté du prêt à intérêt pour ne causer aucun désastre doit être précédée de la liberté des banques et de la liberté d'association ; alors, mais alors seulement, la proposition, si éloquemment soutenue par M. Chevalier, pourra être acceptée sans danger; sinon, non.

L'argent est une marchandise exceptionnelle, d'une nature tout à fait différente des autres objets de commerce. A proprement parler, elle ne se vend pas, elle se loue ; et au lieu de s'offrir comme toute marchandise honnête, l'argent se refuse et se défend jusqu'à la férocité ; au milieu de l'abondance, il se fait rare à volonté, il se cache non par coquetterie, ni par modestie, mais par cupidité.

Ce sentiment lui est habituel et comme coulé avec son métal. On ne doit donc pas espérer que jamais l'argent se corrige, volontairement du moins, de son vice originel. Or, pour combattre la cruauté native, l'ambition vénale de l'argent, pour lui faire la loi juste et équitable, et l'obliger à une conduite décente, humaine, raisonnable, il n'y a qu'un moyen : la concurrence légale, publique, c'est-à-dire la liberté des banques où l'argent s'affiche ou s'offre franchement comme toute marchandise.

Procéder autrement nous paraîtrait dangereux, aussi dangereux que de mettre en liberté des bêtes féroces sans avoir préalablement armé les citoyens pour leur défense.

Et quel monstre que l'argent !

M. Chevalier doit entendre cela, s'il ne l'a déjà compris.

Sa collaboration n'a jamais manqué au *Journal des Débats*, le plus littéraire des journaux politiques et le plus richement doté d'écrivains, dont on pourrait dire qu'ils forment l'état-major du journalisme en France. Entre autres articles publiés dans ce journal par M. Chevalier, nous ne signalerons que

les trois derniers insérés dans les numéros des 18,
19 et 29 novembre 1864, parce qu'ils révèlent bien
l'esprit de l'homme, ses sympathies et sa pensée
persistante, parce qu'ils le montrent dans ses in-
cessantes préoccupations, et sa fidélité aux classes
laborieuses, desquelles cependant il n'a rien à attendre, rien à espérer.

C'est un très-rare mérite, et un très-grand bonheur pour l'homme politique, qui, après avoir traversé les passions, joui des honneurs, satisfait son
ambition, se retrouve le même qu'au point de
départ.

Dans ces trois articles que nous indiquons et où
les ouvriers trouveront les meilleurs conseils, on
voit avec quel intérêt M. Chevalier suit le mouvement qui s'opère dans les masses et le progrès
de leurs idées relatives aux institutions sociales.
S'il ne partage pas toutes les prétentions des ouvriers, comme au sujet du chômage, par exemple,
du moins il est parfaitement d'accord avec eux sur
les questions d'instruction, de crédit mutuel, de
chambres syndicales, d'association, etc., etc. C'est
là un bon signe et presque une espérance, car
M. Chevalier est avant tout un homme pratique
et bien placé pour être utile aux ouvriers.

M. Chevalier s'est toujours peu inquiété de la
forme du gouvernement de son pays.

Ce dédain, que partagent, du reste, les réformateurs sérieux, préférant la proie à l'ombre, s'explique encore par les révolutions successives qui se sont accomplies si rapidement et en si peu de temps parmi nous.

On préfère, et c'est le chemin le plus court, aller droit au fond des choses que de parader à la superficie, on se préoccupe de la base avant de penser au sommet de l'édifice.

Cette manière de voir a sa légitimité, car il n'y aura de gouvernement stable et incontesté que le jour où les classes seront satisfaites, c'est-à-dire où les questions sociales seront résolues suivant la justice, non celle des hommes, mais la justice de Dieu.

M. CUVILLIER-FLEURY (1).

C'est une chose si rare que la fidélité aux principes et le culte des souvenirs, qu'on ne saurait trop les honorer partout où on les rencontre.

(1) M. Cuvillier-Fleury (Alfred-Auguste), né à Paris en 1802, fit d'excellentes études au collége Louis-le-Grand, et

M. Cuvillier-Fleury est un de ces hommes qui n'ont pas brisé leurs vieilles idoles pour adorer des dieux nouveaux. Après avoir été, pendant de longues années, précepteur du duc d'Aumale et secrétaire de ses commandements, après avoir pendant quatorze années défendu la monarchie de Juillet, il a suivi du cœur la famille exilée, il a pleuré le roi déchu, et sa plume fidèle monte pieusement la garde autour de sa mémoire.

Lorsqu'en 1852, M. Sainte-Beuve, dans un article scandaleux, eut l'impudeur de railler les vaincus et de les engager ironiquement à *mettre leur montre à l'heure*, M. Cuvillier-Fleury releva courageusement le gant, et fit rentrer sous terre ce critique oblique, aux applaudissements de tous les honnêtes gens. Une telle conduite honore un homme. Mais on lui a reproché, non sans quelque raison, de trop s'exhaler en récriminations et d'occuper dans le *Journal des Débats* « le département des regrets du passé. » Peut-être serait-il plus digne d'accepter silencieusement les faits, que d'entonner à tout propos un chant lugubre, surtout

remporta, en 1819, le prix d'honneur de rhétorique. Après avoir été pendant deux ans secrétaire de Louis-Bonaparte, roi de Hollande, il fut nommé directeur du collége Sainte-Barbe, et fut choisi, en 1827, pour précepteur du duc d'Aumale, dont il devint, en 1839, secrétaire des commandements.

quand on a perdu, dans cette catastrophe qu'on pleure, une situation officielle : il ne faut pas aller au-devant des interprétations malveillantes.

M. Cuvillier-Fleury est entré aux *Débats* en 1834. Il soutint, avec MM. de Sacy, Saint-Marc Girardin, Alloury et John Lemoinne les grandes polémiques de l'époque. Son indépendance n'eut pas à souffrir de ses fonctions auprès des princes. Malgré la délicatesse de sa situation, il sut garder entière la liberté de sa conscience. On eût dit même qu'il éprouvait le besoin de grossir un peu cette indépendance et de se la bien prouver à lui-même. Cela n'a pas empêché ses adversaires de le traiter de *familier du château,* et ce bon M. Sainte-Beuve d'écrire qu'il *montait dans les carrosses du Roi.* Est-ce bien *dans* que voulait dire l'aimable critique?

De pareilles insinuations n'atteignent pas M. Cuvillier-Fleury.

Sous le titre d'*Études historiques et littéraires,* et de *Portraits politiques et révolutionnaires,* il a réuni les principaux articles qu'il a publiés dans le *Journal des Débats.* Ces articles sont remarquables par la vigueur et l'abondance des arguments, le bon goût et la finesse du style, la lucidité de l'esprit et par de rares qualités oratoires. Il a fondé la critique rationnelle à côté de la critique psychologique et anecdotique de M. Sainte-Beuve. — Inflexible lorsqu'il pose les principes, il est plein de

ménagements pour ses adversaires. Si sa critique
n'est pas exempte d'une pointe d'ironie bien affilée,
il fait oublier ses blessures par la cordialité de
son esprit et la sincérité de sa conviction. — Son
style est brillant, ferme et simple à la fois.

Parmi ses morceaux les plus remarquables, nous
citerons les pages pleines de cœur et pour ainsi
dire mouillées de larmes qu'il a consacrées au roi
Louis-Philippe et à madame la duchesse d'Orléans; — ses articles sur les causes de la révolution de février; — sur l'amour dans la vie et les
œuvres de M. de Lamartine, — et sur Camille Desmoulins.

Nous ne pouvons nous empêcher de relever l'é-
trange accusation de lâcheté que lance M. Cuvillier-Fleury contre l'auteur du *Vieux Cordelier*.
Non ! il ne fut pas lâche celui qui le premier appela le peuple aux armes, et qui sous la Terreur
osa parler de clémence; celui qui, quelques jours
avant sa mort, s'écriait dans son unique enthousiasme : « O mes amis, je vous dirai comme Brutus
à Cicéron : Nous craignons trop la mort, l'exil et
la pauvreté. *Nimium timemus mortem, et exsilium
et paupertatem.* »

Il faut laisser ces calomnies aux pamphlétaires
et aux ennemis de la liberté. En général, M. Cuvillier-Fleury nous paraît peu juste pour les hommes de notre grande Révolution. C'est là une ten-

dance que l'on regrette de rencontrer dans un critique aussi éminent.

Il a publié des études intéressantes sur les voyageurs célèbres de notre siècle. Dans ce livre intitulé : *Voyages et Voyageurs*, il suit Victor Jacquemont dans le Pendjab et le royaume de Cachemire, Victor Hugo sur les bords du Rhin, Théophile Gautier à Constantinople, Xavier Marmier en Amérique, et Saint-Marc Girardin dans les principautés danubiennes. — Il montre dans cet ouvrage les mêmes qualités de style que dans ses *Études* et ses *Portraits*.

En somme, M. Cuvillier-Fleury est un des écrivains les plus estimables du *Journal des Débats*. Il a du trait, de la chaleur, de la causticité souvent, de la passion toujours. Il est peu favorable à la littérature contemporaine, qu'il accuse de pousser, par le dégoût des règles, au mépris des lois. Romantisme et démagogie sont pour lui synonymes. La littérature a, selon lui, contribué plus que le socialisme au désordre des esprits et à la révolution de 1848. Aussi entre-t-il un peu de rancune politique dans ses appréciations sur les hommes et les choses de ce temps. Ces réserves faites, nous nous plaisons à reconnaître son impartialité.

M. Émile **DESCHANEL** (1).

Voici un de ces noms que nous aimons à trouver sous notre plume, parce qu'ils expriment ces personnalités d'élite où le talent s'unit à un beau caractère, où la pensée féconde est toujours au service des nobles causes, où la forme la plus brillante revêt les généreuses idées.

M. Emile Deschanel était professeur de rhétorique à Louis-le-Grand et maître de conférences à l'Ecole normale, quand un article de discussion philosophique qu'il publia dans la *Liberté de penser*, au mois de février 1851, le fit destituer. En vain ses élèves écrivirent-ils spontanément deux protestations en faveur de ce maître aimé; en vain prétendit-on qu'un article publié dans un recueil savant et destiné à un public spécial ne pou-

(1) Emile-Auguste-Etienne Deschanel, né à Paris le 14 novembre 1819, fit ses études à Louis-le-Grand. Trois fois lauréat du grand concours, en 1845, il était à vingt-cinq ans maître des conférences à l'Ecole normale supérieure; en 1847, il entrait à la *Revue des Deux-Mondes,* en 1849 au *National* et à la *Liberté de penser,* en 1859 au *Journal des Débats.*

vait avoir aucun retentissement dans ses classes;
rien ne fit; l'acte arbitraire qui le frappait reçut
son exécution, parce que, disait-on, il avait « porté
scandale dans le lycée auquel il appartenait. »

Ainsi les deux chaires, fruits de tant de travaux,
qu'il avait conquises dans les concours par d'éclatants succès, lui furent enlevées d'un trait de plume,
et sa carrière fut brisée. Il avait 31 ans.

Quelques jours après, le 2 décembre, il fut
arrêté, emprisonné pendant quelque temps, puis
exilé.

Nous le retrouvons à Bruxelles, ouvrant ces conférences publiques qui eurent tant de succès et
étendirent si loin sa réputation. Il avait pour auditeurs l'élite des exilés comme lui, et les sommi-
tés en tous genres de la Belgique. Tour à tour, il
se fit entendre à Gand, à Liége, à Anvers, à Bru-
ges. Chaque jour, il parlait dans une ville nouvelle et excitait partout les mèmes sympathies.

Rentré en France, il succéda, en 1859, au *Journal des Débats*, à Rigault, qui lui avait succédé
dans la chaire de rhétorique au lycée Louis-le-
Grand.

On doit à M. Emile Deschanel un grand nombre
d'ouvrages qui jouissent de la faveur publique, et
tirent leur valeur moins de leur nombre et de leur
volume, que de la mesure, de la verve, de la grâce
piquante, de l'esprit avec lesquels ils sont écrits.

Ses réflexions personnelles témoignent d'une science profonde, d'une observation fine et exacte, et leur forme d'une rare souplesse de talent.

Il manie la langue avec l'habileté d'un homme rompu à toutes les difficultés. On lit, on relit, on relit encore sans se lasser, le *Mal qu'on a dit des femmes ;* le *Bien qu'on a dit des femmes ;* les *Courtisanes grecques ;* le *Bien qu'on a dit de l'amour ;* le *Mal qu'on a dit de l'amour ;* le *Bien et le Mal qu'on a dit des enfants ;* l'*Histoire de la conversation* ; la *Vie des comédiens* ; les *Causeries de quinzaine ;* *Christophe Colomb.*

Aux *Débats,* il publie des revues de quinzaine, des voyages, de la critique, de la fantaisie ; rien n'est étranger à ce talent varié et fécond.

Il a rouvert ses conférences à Paris, et là, comme à Bruxelles, une foule sympathique et éclairée se presse pour l'entendre.

M. Jules DUVAL.

L'enseignement de l'économie politique a pris dans ces dernières années une grande extension.

Une chaire nouvelle a été créée et confiée à un jeune professeur, M. Batbie, déjà connu par de remarquables travaux sur Turgot et sur les classes ouvrières.

Des conférences ont été fondées. Des savants tels que MM. Frédéric Passy et Molinari ont promené leur enseignement nomade dans quelques-unes de nos grandes villes.

On ne saurait trop encourager ces tendances. Les doctrines économiques sont appelées à hâter l'avénement et la consolidation définitive de la liberté.

En combattant la centralisation, le monopole et la réglementation, en exaltant l'initiative individuelle et l'énergie féconde du principe d'association, les économistes préparent la voie aux libertés politiques, qui ne sauraient asseoir de solides fondements que sur la large base des libertés privées.

Vouloir les libertés publiques sans les libertés locales, c'est vouloir la patrie sans la famille, la nation sans l'individu.

Malheureusement ces vérités ne sont pas encore bien comprises en France.

Pour nous, la liberté n'est que l'opposition au gouvernement : nous n'en saisissons que l'aspect militant.

Or, affaiblir le pouvoir n'est pas fortifier l'individu.

Les Anglais, avec leur sens pratique, ont parfaitement compris le rôle réservé à l'économie politique. Ils en ont répandu les principes jusque dans les dernières couches sociales. L'agitation pour l'abolition des lois céréales (*anti-cornlaw league*) serait restée stérile, sans cette éducation première du peuple.

Un journal a puissamment contribué chez eux à cette salutaire vulgarisation des notions de l'économie politique. Nous voulons parler de l'*Economist* qui, depuis vingt ans, traite avec supériorité les questions économiques et celles qui intéressent directement le commerce et l'industrie, et le crédit qui en est le levier.

A l'imitation du journal anglais, l'*Economiste français* a été fondé en 1862 par M. Jules Duval.

M. Jules Duval, né à Rhodez (Aveyron) en 1813, a débuté par le barreau et la magistrature.

En 1846, il se démit volontairement de ses fonctions de substitut au parquet de sa ville natale pour suivre ses goûts, qui le portaient vers les études et les applications de l'économie sociale.

Il passa une année à Paris, activement mêlé aux travaux de l'École sociétaire, et partit en 1847 pour l'Algérie, afin de prendre part, en qualité d'administrateur, à la direction d'une grande entreprise de colonisation, connue sous le nom d'*Union agricole du Sig*, fondée par quelques-uns de ses condisciples et amis pour y réaliser, non pas un phalanstère, comme on s'est amusé à le dire, mais l'association, dans une large mesure, du capital et du travail.

Après cinq années de séjour en Afrique, consacrées en partie à cet établissement, en partie à des voyages à travers le pays, il revint en France, riche d'observations et de souvenirs qui décidèrent de sa carrière comme publiciste.

Etudiant, avocat, magistrat, colon, il avait toujours aimé à cultiver la presse politique; rentré en France, il s'y voua à sa carrière naturelle.

Il prit d'abord une très-large part à la rédaction des *Annales de la colonisation algérienne*, revue mensuelle fondée par M. Hippolyte Peut, ce qui lui inspira en 1854 la première édition du *Tableau de l'Algérie*, le résumé le plus substantiel et le plus complet qui ait paru jusqu'à ce jour sur notre colonie africaine, et qu'une foule d'imitateurs ont depuis copié et pillé.

M. Jules Duval s'est proposé dans ce livre « de faire connaître l'Algérie à la France, et à elle-même qui ne se connaît pas assez. » Il montre à toutes les intelligences et à toutes les énergies le chemin de cette terre féconde, centre hospitalier d'émigration à portée de toute l'Europe, champ illimité d'activité ouvert aux capitaux, terrain de libre expérimentation pour tous les systèmes d'organisation pacifique.

Ce travail est suivi d'une notice intéressante sur l'*Anaya* ou sauf-conduit des Kabyles, et d'une brochure sur l'émancipation de la femme arabe.

Admis en 1855 au *Journal des Débats*, sous les auspices de M. Michel Chevalier, pour y décrire le concours de l'Algérie à l'Exposition universelle, M. Jules Duval y créa la spécialité de la colonisation que, depuis dix années, il n'a cessé d'y maintenir.

A cette époque, aucun journal français ne s'occupait des travaux productifs et pacifiques de l'Algérie et de nos autres possessions coloniales; les articles réitérés de M. Jules Duval sur ces matières prirent peu à peu l'attention publique et celle de la presse, et depuis lors on a vu, d'année en année, tous les grands journaux accorder, à l'exemple du *Journal des Débats*, une place de plus en plus étendue aux questions algériennes et coloniales.

La question algérienne, au *Journal des Débats*, étant depuis ces dernières années échue à M. Albert Petit, M. Jules Duval y a continué d'y traiter des autres intérêts coloniaux, soit de la France, soit de l'étranger.

A ce fonds d'études, il mêle des articles accidentels sur les idées et les œuvres d'économie sociale et d'économie rurale, spécialement sur la géographie, objet de ses prédilections, et qui lui a inspiré un mémoire important sous ce titre : *Discours sur les rapports de la géographie et de l'économie politique.*

En 1857, M. Jules Duval débuta, dans la *Revue des Deux-Mondes*, par une série d'études sur les principales colonies de la France qui sont le fonds de l'ouvrage qu'il a publié en 1864 sous ce titre : les *Colonies et la politique coloniale de la France.*

M. Jules Duval a également publié un petit livre qui produisit une vive sensation lorsqu'il parut en 1857 : *Gheel,* ou une colonie d'aliénés vivant en famille et en liberté.

Pendant longtemps, un préjugé barbare a fait charger de chaînes ces malheureux privés de raison.

L'illustre docteur Pinel, médecin de la Salpêtrière, fit cesser cette coutume sauvage et éleva l'aliéné à la dignité de malade.

Des esprits généreux poursuivirent cette réforme incomplète, et proposèrent de substituer à l'internement des fous un système de colonisation agricole.

Le docteur Parigot (de Bruxelles) s'est fait le champion de ce système, qui est à la fois une idée généreuse et une loi de thérapeutique morale.

Un essai a été tenté en Belgique dans les plaines désolées de la Campine, et le succès a dépassé les espérances.

A Gheel, au milieu d'une population de cinq mille âmes, huit ou neuf cents fous vivent au grand air, côte à côte avec les habitants, associés à la vie de famille, au mouvement des rues, aux travaux des champs et du ménage, et il résulte de documents officiels que le nombre des guérisons oscille de cinquante à soixante-cinq sur cent.

Il est à désirer que de pareils essais se généralisent. Déjà, en France, cet exemple a été suivi. Le Conseil général des Vosges, sur la proposition du docteur Turck, vient de décider qu'un certain nombre d'aliénés seraient confiés chaque année à des familles de paysans peu aisés.

Le moment est d'autant mieux choisi pour multiplier ces essais, que la loi de 1838 sur les aliénés est vivement combattue de toutes parts et ne tardera pas à succomber sous ces justes attaques.

Enfin M. Jules Duval a publié un grand ouvrage qui a été couronné par l'Académie des sciences morales et politiques : l'*Histoire de l'émigration européenne, asiatique et africaine au* XIXe *siècle.*

Le plan de cet ouvrage est aussi simple que

fécond. Dans un travail préliminaire, l'auteur passe
rapidement en vue les causes et les conséquences
de l'émigration dans le passé; puis, arrivant aux
émigrations de notre siècle, il les divise en deux
classes : les émigrations libres et volontaires et les
émigrations salariées, provoquées par un contrat
d'engagement.

Les unes et les autres sont étudiées dans les effets
qu'elles produisent, tant dans les pays d'origine
que dans les pays de destination.

On aura une idée de l'importance de cet ouvrage
quand on saura que M. Duval a fait porter son
examen sur quatre-vingt-trois contrées différentes.

Les émigrations anglaises et allemandes sont
traitées avec des développements de nature à satisfaire les esprits les plus difficiles.

L'ouvrage se termine par des déductions scientifiques et pratiques, desquelles il ressort que les
émigrations libres et spontanées sont celles qui
présentent le plus d'avantage et le moins d'inconvénient.

Dans l'*Economiste*, M. Jules Duval traite avec
une science et une autorité incontestables toutes
les questions de colonisation générale, qui sont le
pivot de l'économie politique.

Colonisation intérieure par tous les peuples sur
leur territoire, colonisation extérieure par ceux
d'entre eux qui sont doués des facultés les plus

viriles, équilibre des populations entre les conti-
nents, exploitation intégrale du globe; — tel est,
selon lui, le but suprême, l'aspiration permanente
de l'humanité.

M. Jules Duval a donné, en outre, de nombreux
articles de finance et d'économie sociale.

Nous citerons, entre autres, ses articles sur la
réforme financière de M. Fould, sur la conversion
des rentes, sur la crise économique de 1861, sur la
propriété littéraire et artistique, et sa controverse
avec M. Hippolyte Destrem, sur la question de
savoir si le commerce peut devenir une fonction
publique.

Plein de zèle pour la colonisation et l'expansion
pacifique des peuples à travers le monde, qu'il
considère comme le préservatif du paupérisme et
de la guerre, M. Jules Duval consacre sa parole
aussi bien que sa plume à une propagande conforme à ses convictions. En Belgique (à Bruxelles
et à Anvers), il a fait des rapports et des conférences sur cet ordre d'idées.

En France, il en a fait l'objet de conférences
dans l'amphithéâtre de l'Ecole de médecine, sous
les auspices de l'Association polytechnique, d'entretiens dans les Salons de la rue de la Paix; et, en
ce moment même, il fait trois lectures sur le *Passé*,
le *Présent* et l'*Avenir des colonies*, dans les Salons
de la rue Bonaparte, en compagnie de MM. Albert

de Broglie, Léonce de Lavergne, Guillaume Guizot, J.-B. Barral, etc.

M. Jules Duval, on le voit, n'est pas un de ces économistes cantonnés dans la région des idées théoriques. Il aime à descendre dans les faits et à nous montrer, à leur lumière, la confirmation ou l'insuffisance des données de la science.

Sa plume est vaillante et belliqueuse : un sentiment généreux la guide.

On sent palpiter sous son style de fortes convictions et un amour profond de la justice et de la vérité.

C'est un penseur et un savant : mieux que cela, un homme de bien.

M. ERCKMANN-CHATRIAN.

Au moment où nous entreprenons les intéressantes biographies des savants rédacteurs du *Journal des Débats*, nous rencontrons au feuilleton un écrivain qui, nouveau encore, a cependant déjà obtenu des succès solides et qui grandissent tous les jours.

Les feuilletonistes, écrivant un peu partout, et faisant abstraction des opinions politiques, ne devaient point entrer dans ce cadre; mais l'occasion et le talent particulier, original et plein d'avenir, de M. Erckmann-Chatrian, nous font un devoir de le placer dans cette galerie d'auteurs remarquables à tant de titres.

M. Erckmann-Chatrian est un esprit sérieux et une grande intelligence. Au temps de la jeunesse où tout est permis en fait de légèreté, de folies et d'extravagances, notre auteur se livrait déjà à des travaux qui exigent une maturité de jugement; c'est ainsi qu'il publiait, il y a vingt-cinq ans, une brochure sur un nouveau mode de recrutement.

Erckmann-Chatrian a écrit des contes et des romans. Les contes sont fantastiques, les romans nationaux. Il en est quelques-uns qui n'ont pas ces caractères; alors il sacrifie à l'idylle ou au sentiment. Mais rien n'est plus frais, rien n'est plus touchant que ses histoires sentimentales qui ont pour héros des hommes du peuple; car, avant tout, l'auteur est démocrate, et il se complaît au milieu de ses personnages laborieux, qui vivent et se forment une petite aisance par leur travail.

Je recommande, comme lecture agréable : *Gret-*

chen, — l'*Oreille de la chouette*, — les *Fiancés de Grinderwald*. On n'y trouve pas seulement de la poésie et du sentiment; l'idée philosophique y est souvent exprimée dans une scène ou dans un mot. Avec cet auteur, il n'est pas de petite chose, et rien ne lui paraît indigne, mais chaque objet est à sa place, dans la forme qui lui convient.

Si on veut être terrifié, si on tient à rester éveillé la nuit par la frayeur, si on veut éprouver le frisson, il faut lire, entre autres contes, l'*Araignée crabe*, — les *Trois Ames*, d'horrible mémoire, — la *Montre du Doyen*, etc., etc.

Ces contes très-dramatiques reposent, la plupart, sur des systèmes philosophiques, qui, tout en intéressant au suprême degré, instruisent encore le lecteur qui veut être attentif. Ce sont des œuvres d'art qui joignent la simplicité à la profondeur, et peuvent être également lues par l'ignorant et le savant.

Après les contes, viennent des travaux plus développés et de haute signification, des Études, de vraies études morales, philosophiques et nationales. L'*illustre Docteur Mathéus* est un médecin des âmes, qui propage, à travers les villes et les villages, le principe de la métempsychose. Ce voyage permet à l'auteur de nous faire connaître les mœurs des populations des Vosges, qui sont restées originales, en même temps qu'il nous peint avec beaucoup d'art la luxuriante et grandiose nature de ces pays.

Dans *Daniel Rock*, on assiste à la lutte des vieilles idées contre les idées modernes, des mœurs antiques et sévères contre les nouvelles libertés. Cette transformation morale de notre temps est rendue d'une manière saisissante, et c'est avec regret, avec douleur, que l'on voit au dénouement le noble vieillard Rock et ses enfants défendant par le sacrifice de leur vie ce qu'ils croient juste et bon, c'est-à-dire les idées, les mœurs d'autrefois et la routine.

Le *Conscrit de* 1813 a deux parties : la première est consacrée aux sentiments populaires de cette époque, aux mécontentements soulevés par la conscription universelle. Ce tableau est vivant; la nature humaine y est peinte sous ses vraies couleurs. La seconde partie nous fait assister à la guerre, à ses horreurs et à ses grandeurs. L'ensemble est complet; le plan de campagne est parfaitement rendu, les détails sont achevés; les différents caractères du soldat français sont tracés de main de maître, avec un talent qui rendra facile la tâche du dessinateur quand on illustrera ces œuvres qui méritent d'être popularisées.

Le *Conscrit* a une suite qui est intitulée : *Waterloo*. Le livre nous montre la Restauration avec ses vieilles idées, ses missionnaires, et toutes ses pré-

tentions ridicules ou odieuses qui ont facilité à
Napoléon son retour en France; et avec Napoléon,
c'est encore la guerre qui nous est présentée dans
tous ses horribles détails.

Le but de l'auteur, en nous offrant ces tableaux
de guerre, est évidemment de nous inspirer une
aversion de ces immenses sacrifices humains que
la gloire est insuffisante à légitimer; il ne comprend que les batailles entreprises au nom d'un
principe et pour la défense du droit; mais les
guerres d'ambition, il les flétrit comme des actes
de sauvagerie.

Le succès des œuvres d'Erckmann-Chatrian,
œuvres de poésie, de raison, de bon sens, de patriotisme, augmentera toujours, et dès aujourd'hui
on peut saluer l'auteur du titre de *romancier national*.

*
* *

C'est à tort que nous avons employé le singulier
en parlant d'Erckmann-Chatrian; ils sont deux :
M. Erckmann et M. Chatrian. Instruits au même
collége, ils se sont liés d'une amitié étroite et sans
ombre; une nature d'esprit identique, les mêmes
idées, sous le rapport moral, philosophique, reli-

gieux et politique, ont cimenté à la romaine ces deux hommes qui sont en voie d'élever un monument littéraire.

Erckmann (Émile) est né le 20 mai 1822, à Phalsbourg (Basse-Alsace); il a fait des études régulières et son droit à Paris.

Chatrian (Alexandre) est né le 18 décembre 1826, à Boldestenthal (Basse-Alsace), près Phalsbourg. Après avoir terminé ses études, Chatrian a suivi la carrière industrielle; il a rempli la fonction de chef d'atelier dans une verrerie, croyons-nous, située en Belgique; puis, revenu à Phalsbourg, il a été quelque temps maître d'études. Aujourd'hui, Chatrian occupe un emploi supérieur dans un de nos chemins de fer.

Le commencement de leur vie littéraire a été très-laborieux.

Le *Démocrate du Rhin* a reçu leurs premières élucubrations en 1848; ils ont fait représenter, sur un théâtre de Strasbourg, un drame en quatre actes, intitulé : l'*Alsace en* 1814, qui fut interdit le lendemain par le préfet. Cet ouvrage contenait en germe le *Fou Yegof,* qui a l'honneur d'être donné aux bibliothèques populaires. Dans la *Vérité,* ils ont publié les *Brigands des Vosges,* roman qui n'a pas été édité en volume. Les *Contes fantastiques* furent en partie insérés dans l'*Artiste,* où ils avaient été présentés comme traduits de l'allemand, les

journaux les ayant refusés comme vieux ou ignobles.

Pauvres journalistes ! ils sont si savants !

Ils ont encore publié (nous ne revenons pas sur
ceux qui ont été nommés) : les *Contes de la Montagne*, les *Contes des bords du Rhin*, les *Confidences
d'un joueur de clarinette*, l'*Ami Fritz*.

Pendant dix ans, Erckmann et Chatrian ont inu-
tilement frappé aux portes de toutes les rédactions ;
enfin elles se sont ouvertes, et aujourd'hui nous
pouvons admirer deux hommes consciencieux,
amoureux de leur art, mais sobres de production,
qualité essentielle et rare, deux hommes estimables
sous tous les rapports, et dont le talent fera honneur à notre pays.

M. FRANCK (1).

Bien en a pris à M. Franck d'être né juif. C'est à
cette circonstance, beaucoup plus qu'à son mérite,

(1) Franck (Adolphe), né à Siocourt (Meurthe), le 9 octobre 1809, a été successivement professeur de philosophie

qu'il a dû sa fortune. Comme ces prêtres intrigants qui profitent des querelles de l'Église et de l'État pour faire leur chemin, il a su de tout temps, sous le pavillon de la liberté de conscience, naviguer dans les eaux gouvernementales. Toutes les fois que, pour affirmer cette liberté, on a voulu pousser un juif quelque part, on a étendu la main, et l'on a trouvé à point nommé M. Franck.

Professeur au Collége de France, membre de l'Académie des sciences morales et politiques, officier de la Légion d'honneur, rédacteur du *Journal des Savants* et du *Journal des Débats*, vice-président du Consistoire israélite, et libre penseur pardessus le marché, M. Franck est l'un des plus souples porte-queue de l'école éclectique, et le plus humble thuriféraire de M. Victor Cousin.

C'est sous sa direction qu'a paru de 1844 à 1852 le *Dictionnaire des Sciences philosophiques* qui forme 6 volumes in-8°, et qui est le résumé de l'enseignement de cette école.

La préface contient sa profession de foi philoso-

.

à Douai, à Nancy, à Versailles et au lycée Charlemagne. De 1848 à 1852, il suppléa Barthélemy Saint-Hilaire au Collége de France, comme professeur de philosophie grecque et latine. Il fut nommé, en 1852, conservateur adjoint de la Bibliothèque impériale, en remplacement de M. Walkenaër, et en 1856, professeur titulaire de droit des gens au Collége de France.

16.

phique spiritualiste, avec Platon et Leibnitz ; il se déclare partisan de la méthode de Socrate et de Descartes, également éloignée de l'empirisme et de la pure spéculation, et il cherche dans l'histoire de la philosophie la contre-épreuve de sa psychologie.

Les articles non signés de ce dictionnaire sont de M. Franck. Nous dirons quelques mots seulement des articles *Ame* et *Matérialisme,* pour donner une idée de la manière dont il traite ces questions.

Après avoir rappelé les opinions des anciens sur la nature de l'âme, il passe en revue les différents systèmes qui ont été proposés pour expliquer l'action de l'âme sur le corps dans la perception extérieure.

Ces systèmes sont au nombre de cinq : la théorie des espèces intermédiaires ; — le système de la véracité divine ; — les causes occasionnelles ; — l'harmonie préétablie ; — l'idéalisme de Berkeley et de Hume.

Nous allons les examiner rapidement d'après M. Franck.

Le système des espèces intermédiaires ou du médiateur plastique a été professé, dans l'antiquité, par Démocrite et par Épicure.

Démocrite pensait qu'il existe des atomes crochus, indivisibles, qui s'agrègent et se combinent pour former tous les êtres de l'univers. Selon lui, ils sont doués d'un mouvement essentiel, et émettent sans cesse des molécules très-subtiles qui forment une *image* ou *idole*, et qui, venant à s'imprimer sur les organes des sens, pénètrent jusqu'au cerveau, et déterminent ainsi la perception.

Les philosophes du moyen âge, sans admettre l'atomisme, ont soutenu le même système.

Il y a entre le corps et l'âme, disent-ils, une différence essentielle : le corps est composé de parties, l'âme est simple. Donc il ne peut y avoir de communication directe entre le corps et l'âme, il faut des intermédiaires. Ce sont ces intermédiaires qu'ils ont appelés *espèces* (de *species*, spectre, fantôme).

Cette théorie est renversée par le dilemme suivant de Descartes. Ces images sont *matérielles* ou *immatérielles :* si elles sont matérielles, comment peuvent-elles arriver à l'esprit qui est immatériel ? Si elles sont immatérielles, comment peuvent-elles se détacher des corps qui sont matériels ?

On ne peut rien opposer à ce dilemme, donc l'âme est en communication directe avec le corps.

C'est à ce système d'un médiateur plastique qu'il faut rattacher les esprits animaux des physiologistes du xviiie siècle, l'archée de Van Helmont, la flamme vitale de Willis et les vibrations nerveuses de Bonnet et de Hartley.

Descartes a opposé à la théorie des espèces le

dilemme cité plus haut; mais à son tour il nie que nous connaissions directement les objets matériels. Il appuie son opinion sur les prétendues erreurs de nos sens, sur les rêves, sur l'état d'aliénation mentale. Qui nous assure, dit-il, que la vie n'est pas un long rêve dont la mort est le réveil? La vie n'est peut-être aussi qu'un état de folie dans lequel les objets nous font illusion.

Après avoir, par le raisonnement que tout le monde connaît, établi l'existence de Dieu et sa perfection, il continue ainsi : Si Dieu est parfait, tout ce qu'il a fait a quelque degré de perfection; or, il m'a créé avec la croyance aux choses extérieures; donc ces choses existent, autrement Dieu nous tromperait. Mais Dieu est la vérité même, etc.

Ainsi nous ne sommes assurés de l'existence des choses matérielles que par la *véracité divine*.

Mais où Descartes a-t-il vu que l'une de nos facultés l'emportât sur les autres en certitude? La raison m'atteste-t-elle mieux l'existence de Dieu, que les sens celle du monde extérieur? Si l'on attaque les sens, bien que leur exercice soit accompagné de croyance, ne pourra-t-on pas aussi attaquer la raison?

On voit les conséquences de cette hypothèse. Elle mène droit au nihilisme.

Malebranche nie que les sens puissent nous faire connaître le monde extérieur. Il part du même

principe que les scolastiques : Il y a, dit-il, entre
l'âme et le corps, une telle différence qu'il n'y a
pas de communication possible entre eux. Il remarque pourtant qu'il y a correspondance entre
les modes internes et les modes externes, c'est-à-
dire entre les perceptions de notre âme et les faits
corporels, et il en cherche l'explication. Dieu, dit-
il, est tout-puissant; lui seul dispose du mouvement. Quand donc l'âme est dans certaines situations par rapport aux objets matériels, Dieu détermine en nous des perceptions correspondantes, de
sorte que nous pouvons affirmer directement
l'existence des objets eux-mêmes.

Telles sont les causes occasionnelles de Malebranche. C'est à l'occasion des changements sur-
venus dans notre âme que Dieu détermine
dans les corps telles modifications, et réciproque-
ment.

L'erreur de ce système saute aux yeux. D'après
Malebranche, c'est Dieu qui lâche la détente du
pistolet de l'assassin; c'est lui qui enfonce le poignard dans la gorge de la victime. Dieu est tout
puissant, a-t-il posé en principe. Mais, si Dieu est
tout-puissant, il peut faire communiquer directement l'âme et le corps. Malebranche limitait donc
la puissance de Dieu.

Leibnitz suppose que Dieu a créé les âmes et
les corps; que, chacune de ces deux substances

étant destinée à subir une suite régulière de modifications, il a joint à une âme qui devait éprouver telle série de changements un corps destiné à subir une suite correspondante de changements. Donc l'âme et le corps se développent chacun de leur côté dans une parfaite harmonie, sans que l'une de ces deux substances agisse sur l'autre. On a comparé le corps et l'âme à deux horloges qui marqueraient toujours exactement la même heure sans être mues par les mêmes ressorts.

On peut adresser à Leibnitz le reproche que Cicéron adressait à Epicure : *Fecit Deos nihil facientes*, il a fait des Dieux fainéants. En effet, si tout est établi d'avance, il n'y a plus de providence.

Berkeley s'empara du principe des espèces intermédiaires, et il ne lui fut pas difficile de prouver que dans cette hypothèse l'âme ne connaît que les images et ne peut constamment rien affirmer par rapport à l'existence réelle des choses. Mais Berkeley était évêque : sa piété s'alarma du danger que présentait cette doctrine, et il établit que Dieu seul suscitait les idées dans les esprits.

Hume fut plus conséquent. Admettant le principe de Berkeley, il s'écrie : « Si, de ce que nous « avons l'idée de la matière, nous ne sommes pas « autorisés à conclure l'existence de la matière, il « s'ensuit que, de ce que nous avons l'idée de « l'âme, nous ne sommes pas autorisés à en con-

« clure l'existence. »—Donc nous sommes réduits aux idées.

Ce système, on le voit, mène au nihilisme d'objet. Le monde, l'homme, Dieu, tout est anéanti. Or, pour M. Franck, l'idée n'est qu'une modification de l'esprit. Toute modification suppose une substance : donc l'esprit existe réellement, substantiellement.

M. Franck examine ensuite les opinions des philosophes sur le siége de l'âme. Est-ce la glande pinéale? Le centre oval? Le corps calleux ou les ventricules du cerveau? Graves questions qu'il se déclare impuissant à résoudre.

Il dit quelques mots en passant des travaux de Bichat sur la *double vie* et des savantes recherches de M. Flourens sur les nerfs du mouvement et les nerfs de la sensibilité.

Quant à l'origine des âmes, faut-il admettre leur préexistence avec Pythagore, Platon et Origène? Faut-il admettre avec Pélage l'hypothèse d'une création spéciale, ou avec Tertullien, Luther et Leibnitz, celle de la propagation par la génération physique? La science est sans solution possible sur ce point.

La question de l'âme des bêtes est longuement agitée. Platon leur reconnaît un principe particulier, une âme sensitive (το επιθυμητικον). Anaxagore leur donne une âme semblable à l'âme hu-

maine; Descartes en fait des machines; Leibnitz
revient au système de Platon, et Buffon réhabilite
celui de Descartes.

Enfin l'article se termine par quelques mots sur
l'âme du monde. L'auteur passe en revue les opinions de Pythagore, de Platon, des stoïciens et des
néo-platoniciens d'Alexandrie, et discute briève-
ment le *principium hylarchicum* d'Henri Morus.

L'article *Matérialisme* est traité avec beaucoup
moins de développements. M. Franck réfute com-
plaisamment les matérialistes de l'antiquité :
Leucippe, Démocrite, Epicure, Diagoras et Straton,
et les matérialistes du xviiie siècle : Hobbes, La-
mettrie et d'Holbach. Il nomme à peine Cabanis et
Broussais, se moque agréablement de l'ouverture
de l'angle facial et du volume du cerveau, et ne
paraît pas soupçonner l'existence du matérialisme
contemporain, appuyé sur la physiologie, l'anatomie comparée, l'embryogénie et la chimie orga-
nique.

Nous avons cité ces deux articles pour donner
une idée de la méthode de M. Franck, méthode
consciencieuse, mais sans portée scientifique.

M. Franck est l'auteur d'un travail important
sur la *Kabbale* ou philosophie religieuse des
Hébreux.

La kabbale est une doctrine théologique qui
prit naissance environ deux cents ans avant Jésus-

Christ, et qui circula secrètement parmi les Juifs jusqu'au milieu du xve siècle, où elle commença à faire irruption dans le monde scientifique.

Raymond Lulle, l'auteur enthousiaste du *grand Art*, révéla le premier son existence. Elle attira l'attention des grands esprits du temps : Pic de la Mirandole, Reuchlin, Cornélius Agrippa, Paracelse, Van Helmont et Jacob Boehme, tous égarés à la recherche de la science universelle. Les curieux travaux de Postel, les traductions de J. Voysin et les recherches de Kircher commencèrent à la populariser.

Sous des combinaisons bizarres de lettres et de chiffres arbitraires, elle renfermait de curieux aperçus sur le fond de toute religion et de toute morale.

Les uns ont voulu voir en elle une science occulte, les autres une révélation anticipée des dogmes chrétiens. Ce n'est ni une philosophie, ni une religion : elle ne s'appuie ni sur le raisonnement, ni sur l'autorité. C'est une sorte d'exégèse des livres saints. Presque toutes les religions ont ainsi à côté de leurs monuments écrits des traditions antiques. Chez les mahométans, les sunnites avaient la *Sunnah*, les Juifs avaient la *Mischna* dont les doctrines ont été développées par les auteurs du *Thalmud*. Seuls les Caraïtes n'admettaient que la Bible : c'étaient les protestants du judaïsme.

17

Les doctrines de la Kabbale sont contenues dans deux livres principaux : le *Sepher-Ietzirac*, ou livre de la création, qui est tout un système de cosmogonie, et le *Zohar*, ou livre de la nature de Dieu, qui, sous la forme modeste d'un commentaire sur le Pentateuque, touche avec indépendance aux plus hautes questions de l'ordre spirituel.

L'être infini, l'*En-Soph*, est la substance unique, la cause immanente, le principe actif et passif de toutes choses. Avant d'avoir produit l'univers, il était ignoré de lui-même. C'était la substance sans attribut, le *mysterium magnum* des philosophes hermétiques. Il se manifeste par dix *Zephiroth*, ou numérations abstraites qui sont les catégories de l'univers. Dieu est présent dans les Zéphiroth, mais il ne demeure pas en elles tout entier; il reste ineffable et incompréhensible. Il a deux noms, selon qu'on le considère retiré en lui-même, abstraction faite de tout attribut, ou dans ses rapports avec l'univers. Le premier n'est connu que de quelques initiés : il est défendu de le prononcer. C'est le *Tétragramme* trois fois saint.

La *Tétractys* de Pythagore est une imitation du *Tétragramme*, de même que le culte de la décade correspond aux dix Zéphiroth.

Le *Sepher-Ietzirac* contient les plus étranges doctrines sur la création du monde : la formation des choses, d'abord par la concentration, puis par l'expansion de la lumière divine, la théorie des couples et des quatre mondes, les deux Adam, les trois âmes.

Au sommet des choses est le *Bythos*, du sein duquel s'élancent les *Eons* qui constituent le *plérome*. On rencontre dans ces livres l'idée du microscome et du macroscome, et la bizarre conception d'une création qui a échoué parce que Dieu n'y était pas descendu.

Tous les phénomènes matériels sont considérés comme ayant une signification symbolique : de là l'alphabet céleste et la physiognomonique.

M. Franck développe longuement ces doctrines : on sent qu'il est là dans son élément. Il examine ensuite les analogies que présente la Kabbale avec le platonisme, le néo-platonisme d'Alexandrie, le syncrétisme de Philon, le christianisme et le parsisme, ou religion des Chaldéens. Il s'attache à prouver qu'elle est sortie du *Zend-Avesta* et du *Boun-Dehesch*, mais qu'elle a conservé son originalité, car elle repousse le dualisme, et proclame l'unité absolue de cause et de substance.

Le *Communisme jugé par l'histoire* est le résumé d'un cours que M. Franck fit à la Sorbonne en 1847. Il traite d'abord du socialisme et du communisme en général, et en recherche les traces dans l'Inde, dans l'Égypte, en Judée et en Grèce. Il passe en revue les doctrines des esséniens, des thérapeutes, des herrnhuters ou frères moraves, des disciples de Carpocrate, des frères du Libre-Esprit et des anabaptistes, qui constituent le communisme chrétien : il analyse l'*Utopie* de Thomas Morus, la *Cité du soleil* de Campanella, la *République de Salente* de Fénelon, la *Basiliade* de Morelly et le *Contrat social* de Rousseau, qui forment le communisme philosophique ; enfin il discute avec quelque étendue les théories de Babeuf dans sa *République des égaux*, de Cabet dans son *Icarie*, et de Louis-Blanc dans son *Organisation du travail*.

Il est heureux que P. J. Proudhon ait tué le communisme : le coup que lui a porté M. Franck n'était pas fort dangereux.

L'*Esquisse d'une histoire de la logique* a été composée en vue d'un concours, proposé par l'Académie des sciences morales et politiques. — L'auteur nous avertit qu'il est arrivé trop tard. C'est une manière adroite de nous insinuer qu'il eût remporté le prix, s'il eût été plus diligent. Rien ne nous empêche de le croire.

La première partie est consacrée à une longue analyse de l'*Organum* d'Aristote. Il y traite des *Catégories*, des *Analytiques*, des *Topiques*, et des *Arguments sophistiques*. La seconde partie renferme l'histoire de la méthode syllogistique ou scolastique, de la méthode expérimentale de

Bacon et de Descartes, de la méthode spéculative
de Hégel.

C'est un ouvrage clair, méthodique et savant. La
lecture en est utile et facile.

M. Franck a fait paraître récemment la *Philosophie du droit pénal.* Il nous semble n'avoir
pas compris la théorie de l'expiation de M. de
Maistre, dont il fait une sorte de cousin-germain
du bourreau. M. Franck partage sur ce point l'erreur de M. Baudrillart. C'est un honneur sans doute,
mais il ne faudrait pas en être trop fier.

Nous avons aussi de lui une *Philosophie du droit
ecclésiastique,* ouvrage assez faible, où il arrive,
par la métaphysique, au système des concordats.
On conviendra que la conclusion est peu philosophique. Du reste, M. Franck nous paraît avoir l'esprit complétement fermé aux questions religieuses.

Enfin, M. Franck a publié, dans le recueil des
séances de l'Académie des sciences morales et politiques, des notices critiques et historiques sur
Mably, Paracelse, Machiavel, Jean Bodin et Thomas Morus; des articles sur le droit chez les an-
ciennes nations de l'Orient, qui ont paru dans la
Revue contemporaine en 1855 et en 1856, et un long
rapport, intitulé : la *Certitude,* sur les mémoires
envoyés à l'Académie des sciences morales et politiques pour le concours de philosophie de 1846.

Tous ces travaux n'ont pas fait à M. Franck la

réputation qu'il pouvait en attendre. Il ne fait pas
autorité, il est rarement cité. Les hommes spéciaux
lui reprochent les défaillances de son érudition.

Nous lui reprocherons la lourdeur et l'opacité de
son style. Nous l'avons lu avec le désir sincère de
lui trouver quelques qualités littéraires, mais nous
avons dû renoncer à ce pénible exercice.

M. SAINT-MARC GIRARDIN (1).

Voilà bientôt quarante ans que la plume élégante et facile de ce vétéran des *Débats* traite les

(1) M. Saint-Marc Girardin est né à Paris, en 1801, d'une
famille de commerçants. Il se fit recevoir avocat. En 1827,
il partagea avec M. Philarète Chasles le prix d'éloquence
de l'Académie française, pour son *Eloge de Bossuet*. Vers
cette époque il entra au collége Louis-le-Grand en qualité
de professeur de seconde. Après 1830, il remplaça, à la Faculté des lettres, M. Guizot dans sa chaire d'histoire; en
1831, il fut élu député dans la Haute-Vienne; en 1837, il fit
partie du conseil royal de l'instruction publique et du conseil d'Etat; en 1844, il fut nommé membre de l'Académie
française; enfin, en 1848, il fut vingt-quatre heures ministre.

questions de politique extérieure ou intérieure, et les questions d'économie sociale.

Son premier article fut un brûlant et ironique sarcasme écrit de verve et avec l'indignation sincère d'une noble nature. Après les élections de 1827, le ministère avait dispersé à coups de fusil une manifestation bruyante mais pacifique, organisée par des jeunes gens. Les articles qui suivirent portèrent tous, sans exception, cette empreinte vive, ce signe de feu qui les fait reconnaître entre tous. L'expérience et l'âge n'ont point changé leur pétulante ardeur; toujours écrits avec cette mesure, cette urbanité de forme, cette pureté de langage et ce talent qui sont de tradition aux *Débats*, ils éclatent en brillant feu d'artifice au sein de ces pages graves et paisibles; on dirait une mèche sans cesse allumée qui va faire sauter une poudrière. Rien n'a sauté, sinon la monarchie de 1815.

M. Saint-Marc Girardin est un des beaux caractères de ce temps, fidèle à ses principes, indépendant et sincère. A cette heure encore plein de séve, il défend pied à pied ce qu'il croit être la liberté.

Nous avons vu, dans la partie consacrée à l'histoire des *Débats*, que c'est à un de ses articles que cette feuille a dû l'honneur d'un avertissement.

Dans plusieurs circonstances, et notamment après la révolution de juillet, il a flétri en termes énergiques ceux qui se précipitèrent à la curée des places; ses amis même ne furent pas épargnés.

Depuis quelque temps il écrit plus rarement aux *Débats,* mais il n'a point cédé définitivement sa plume à la jeune pléiade. Les hommes de cette valeur n'abdiquent point.

Le bagage littéraire de M. Saint-Marc Girardin ne se borne pas à ses articles de journaliste, il a collaboré à la *Revue des Deux-Mondes,* où ses travaux sur la *poésie chrétienne* et sur la *vie* et les *œuvres de J.-J. Rousseau* ont été fort remarqués. Il a publié également un nombre considérable de livres.

M. Saint-Marc Girardin, depuis quelque temps, ne fait plus que son cours de littérature à la Faculté des lettres; ce cours a toujours été suivi avec empressement par la jeunesse des écoles.

« Le grand mérite de l'enseignement de M. Saint-
« Marc Girardin, dit son illustre ami, M. de Sacy,
« est d'être un enseignement sérieux et vrai. Le
« professeur ne se compose pas pour son auditoire,
« il se donne à lui tel qu'il est. Sa parole ne se
« gonfle pas, elle est simple, naturelle et vive
« comme sa pensée même. Cette loyauté d'ensei-
« gnement, si je puis parler ainsi, qui fait hon-
« neur au professeur, n'honore pas moins un au-
« ditoire capable d'en sentir le prix. »

M. J.-E. HORN.

M. Horn est un publiciste très-connu en Allemagne et en Belgique. La plupart de ses ouvrages ont été écrits en allemand et n'ont pas été traduits en français.

On y trouve, à côté d'une érudition de première main, un vif sentiment des ressources et des besoins des sociétés modernes.

M. Horn appartient à cette grande école démocratique qui se distingue par la largeur de ses idées et par son dévouement aux classes populaires.

Nous nous permettrons pourtaut de lui adresser un reproche : Comment se fait-il que M. Horn, rédacteur du *Journal des Débats* et du *Courrier du Dimanche*, collabore en même temps à la *Revue contemporaine ?*

Il nous répondra sans doute que la science ne perd jamais ses droits, et qu'elle plane au-dessus du cercle étroit où s'agitent les partis. Cependant il est des hospitalités compromettantes.

Si les principes de l'économie politique sont inflexibles, les conclusions qu'on en tire varient avec les hommes et selon les aspects : la théorie

17.

des milieux est vraie en économie politique comme en médecine.

Cette réserve faite, nous ne saurions trop manifester notre sympathie pour le talent et le caractère de M. Horn.

Réfugié politique hongrois, après avoir combattu pour l'indépendance de sa patrie, il s'est enfermé dans un travail austère. On sent vibrer sous sa plume l'âme d'un libre citoyen. Il poursuit l'arbitraire et la compression partout où il les rencontre ; et dans tous ses écrits, il s'attache à prouver, par l'étude des faits économiques, que le despotisme est mortel et la liberté seule féconde.

Il a publié de nombreux ouvrages remarquables à plus d'un titre : la *Hongrie et l'Autriche* de 1848 à 1849, la *Hongrie et la crise européenne*, les *Finances de l'Autriche*, *Louis Kossuth*, *Nationalité et Liberté*, *Théories politiques de Spinosa*, *Essai financier sur le système de Law*, *Institutions de crédit en France*.

Ce dernier ouvrage, qui rentre plus spécialement dans la sphère de ses études, est le plus clair et le plus méthodique que nous connaissions sur les questions financières. Nulle part on ne trouvera des renseignements plus complets sur la dette publique, le cours de la rente, l'amortissement, la Banque de France, le Comptoir d'escompte, le Crédit foncier et le Crédit mobilier. Personne n'a mieux fait ressortir l'esprit qui anime ces institutions et les vices de leur organisation.

Son étude sur Law est une scrupuleuse analyse de ce trop fameux novateur qu'on a justement surnommé le roi de l'agiotage. Il décrit en traits rapides l'état des finances sous Louis XIV et sous le Régent, l'établissement du système, l'enjouement populaire et la catastrophe finale, en s'attachant surtout à dégager la question de tout esprit de parti et de toute idée préconçue. Il fait descendre Law de son piédestal ; il nous montre chez lui, à côté de quelques idées justes, des erreurs monstrueuses et une folle témérité, et il conclut par cet axiome économique qui est la condamnation de tout le système : « Sans travail et sans profit réel, point de richesses. »

M. Horn fait paraître depuis 1859 l'*Annuaire international du crédit public*, ouvrage dont le succès a été aussi rapide que mérité et qui est devenu indispensable à quiconque s'occupe des questions économiques, financières et administratives. On y trouve les renseignements les plus riches et les plus authentiques sur le mouvement général du crédit et des métaux précieux, la situation des grands établissements financiers, les variations de l'escompte et le cours des principales valeurs.

Nous citerons, parmi les morceaux les plus remarquables, les chapitres sur l'organisation et la situation financière de l'Autriche, de la France, de la Grande-Bretagne et de la Prusse, sur les banques allemandes et la Banque de France, et sur les revenus des chemins de fer anglais.

Enfin il a publié, en 1857, un important travail sur la *Science de la population*. Cet ouvrage, dans lequel il a adopté la forme épistolaire et qui rappelle les fameuses *Lettres* d'Euler à une princesse d'Allemagne, est d'une lecture aussi instructive qu'intéressante. L'auteur ne se perd pas, comme Süssmilch, dans la contemplation de l'ordre divin dans l'humanité, et ne se préoccupe pas, comme Malthus, de la progression des subsistances.

Il analyse sans parti pris les documents statistiques sur la force et la densité de la population dans les villes et les campagnes, sur le nombre des mariages et des naissances, légitimes ou illégitimes, et recherche avec soin l'influence des saisons sur l'état sanitaire.

Tels sont les principaux ouvrages de M. Horn. Tous ils se distinguent par une érudition qui étonne et par une âpreté de convictions, trop rare de nos jours.

M. Horn est un des collaborateurs les plus actifs du *Journal des Économistes* dont il rédige habituellement le bulletin financier. Aucun de ses articles n'a passé inaperçu. Son article sur les *Finances pontificales*, fit sensation dans le monde politi-

que. C'était en 1859, après les grandes discussions financières qui suivirent, au parlement de Tu-
rin, le vote de la loi Deforesta.

Nous citerons également un article fort curieux
sur les chemins de fer allemands, où il montre que
le nombre des voyageurs se décuple d'une période
décennale à l'autre, et le mouvement des marchandises se quarantuple; et les articles sur le double étalon français, sur la réorganisation du Zoll-
verein, et sur la réforme monétaire en Allemagne
(convention de 1857).

M. Horn a fait, en outre, un grand nombre de
comptes rendus fort remarquables, parmi lesquels
nous mentionnerons ceux sur *les Finances de l'Autriche et de la France*, par Alfred Legoyt, *Chrétiens et Turcs*, par Eugène Poujade, la *Coulisse
devant l'opinion publique*, par Paul Coq; l'*Usure*,
par Martin-Darbel; les *Lois contre l'usure*, par
MM. Charles Braun et Marx Woith.

Quelques-unes de ces notices ont donné lieu à
une polémique intéressante. Sa collaboration au
Journal des Économistes est, on le voit, des plus
actives et des plus importantes.

A côté du *Journal des Économistes*, qui est avant
tout un recueil scientifique et dont le principal caractère est la discussion théorique, il existe une
publication plus pratique, plus mêlée aux faits et
aux événements, et qu'on pourrait appeler l'école

d'application des théories économiques. Nous voulons parler de l'*Annuaire de l'économie politique,* fondé par MM. Garnier, Guillaumin et Maurice Block.

M. Horn est l'un des collaborateurs les plus éminents de cette publication qui, avec l'*Annuaire* de M. Otto Hübner, directeur des Archives statistiques de Berlin, est la plus complète qui existe en ce genre. Il a donné aussi de nombreux articles au *Dictionnaire du Commerce et de la Navigation,* au *Journal des Débats,* au *Courrier. du Dimanche,* et même, nous l'avons dit, à la *Revue contemporaine,* et, depuis quelques jours, il collabore à l'*Avenir national,* récemment fondé par M. Peyrat.

A tous ces titres, M. Horn a bien mérité de la science. Ecrivain, il a analysé les questions les plus complexes du crédit public; journaliste, il a vulgarisé les principes de l'économie politique et popularisé ses enseignements.

Avec une énergie qui l'honore, il a combattu l'arbitraire sous toutes ses formes et stigmatisé les excès de la spéculation; il n'a cessé de réclamer la liberté commerciale, c'est-à-dire l'abondance, la civilisation et la paix.

Il est à regretter que son nom ne soit pas plus populaire, et que tant d'autres écrivains, auxquels l'intrigue et la servilité tiennent lieu de mérite, occupent dans la science une place que ses ta-

lents et ses connaissances semblaient lui réser-
ver.

Heureusement, M. Horn est homme à s'en consoler ; il aime la science pour elle-même et le travail pour ses joies solitaires.

Il méprise les ambitieux et les valets, et nous
l'en félicitons.

M. JULES JANIN (1).

M. Jules Janin raconte ainsi, avec sa verve, son
entrain, sa grâce légère et aimable, comment il
débuta aux *Débats* :

« A l'heure de la grande polémique (nov. 1829),
« mon heureuse étoile me conduisit aux *Débats*.
« Avant de prendre dans mes mains malhabiles la
« plume savante de Duviquet, je commençai par
« écrire des articles politiques, m'estimant fort
« heureux lorsque, de temps à autre, j'étais ap-
« pelé à faire quelque sortie innocente au plus
« fort de la bataille politique de chaque jour.

« Le combat était ardent ; les plus célèbres sol-

(1) Né à Saint-Etienne en 1804.

« dats des deux parts étaient à l'œuvre : où donc
« était l'obstacle, si, dans l'intervalle et quand les
« chefs ne donnaient pas, le jour où M. de Cha-
« teaubriand restait sous sa tente, où M. de Sal-
« vandy fourbissait ses armes bien trempées, les
« nouveaux venus de ma taille, les novices, les
« recrues, essayaient leurs forces dans les combats
« d'avant garde? Ainsi j'ai commencé; j'ai écrit,
« qui le croirait? de graves articles dans le *Journal*
« *des Débats*, et vraiment je ne serais pas seul à
« sourire de moi-même si l'on savait avec quel
« sans-gène politique je traitais, en ce temps-là,
« M. Mangin, M. Cottu, M. le comte de Labour-
« donnaye et M. le prince de Polignac. « J'étais
« donc un foudre de guerre? » Eh! je l'étais! On
« bâtissait une nouvelle Chambre des députés, et
« je trouvais que l'architecte avait mal fait de
« changer la distribution de l'ancien local! On
« dédiait, sur la place Royale, une statue au roi
« Louis XIII, et je daignais approuver cet honneur
« rendu au roi Louis *le Juste*, ainsi nommé parce
« qu'il était né sous le signe de *la Balance!* Tantôt
« j'approuvais tout à fait le roi et la reine de Na-
« ples d'être venus à Paris « *tout simplement en*
« *rois*, et sans être protégés de l'incognito dont
« se couvraient les rois voyageurs. Tantôt j'an-
« nonçais à la France qu'elle n'avait pas à s'in-
« quiéter des coups d'Etat. »

« Non, disais-je, en mon premier-Paris du 11
« novembre 1829, César lui-même, fût-il à la place
« de M. de Labourdonnaye aujourd'hui, croyons-
« en l'histoire présente et l'histoire passée, aujour-
« d'hui Jules César ne passerait pas le Rubicon. »
« Ce qui était, comme on voit, puissamment rai-
« sonner! Si grande était mon expérience des
« choses humaines, et si profonde ma sagesse pré-
« coce! Ai-je fait passer, à mon compte, de cruels
« moments à M. de Guernon-Rauville, à M. de
« Montbel! Me suis-je agréablement moqué de la
« contre-révolution! Ai-je tourné gravement au-
« tour de *l'accord des libertés publiques et de la*
« *royauté!* — Ai-je maltraité M. Rives et les cen-
« seurs, les bêtes noires de ma jeunesse! « Un
« censeur! O misère! un homme qui tue et qui
« taille en plein drap l'idée et la forme, la pensée
« et la parole; inintelligente et formidable puis-
« sance, puissance occulte et sans nom: le censeur,
« pareil à ce bourreau voilé qui monte à l'écha-
« faud pour faire tomber la tête d'un roi! La cen-
« sure, une sœur de Pluton, une Furie, ou, pour
« mieux dire, toutes les Furies en une seule.

« *Plutonis soror, aut Furiarum sanguinis una!* »

Si maintenant on veut avoir une idée de la ré-

volution que M. Janin fit dans la critique dramatique. Il faut lire les pages où cet habile écrivain
s'en est expliqué lui-même en ces termes :

« Les anciens maîtres de la critique avaient
« pour coutume de raconter au lecteur la pièce
« nouvelle, à commencer par la première scène,
« à finir par le dernier mot du dénouement. Utile
« et sage habitude! Elle avait cela de bon qu'au
« moins le lecteur savait à quoi s'en tenir, et n'é-
« tait pas réduit, comme on l'y a contraint de nos
« jours, à marcher, de conjectures en conjectures,
« à je ne sais quel récit d'une comédie ou d'un
« drame impossible, qu'il faut saisir au vol, dans
« un milieu de bruits élégants et de périodes so-
« nores pour lesquels le feuilleton moderne est
« passé maître. Il y avait donc pour le lecteur et
« pour le critique un grand repos d'esprit dans
« ces analyses, si faciles à faire et si faciles à lire ;
« car, autrefois, quand le drame était encore, ou
« peu s'en faut, contenu dans ses limites natu-
« relles, une analyse en cinq alinéas n'était pas la
« mer à boire.... Le plus grand drame, dans ces
« temps reculés, était simple comme bonjour et
« bonsoir. Tout au rebours aujourd'hui, un drame
« à réciter, mot à mot, c'est un volume à écrire,
« et, toutes les fois qu'en plaisantant j'en ai voulu
« faire la triste expérience, il s'est trouvé que mes
« lecteurs, moins intéressés que fatigués de ces

« détails, ont refusé de m'accompagner jusqu'au
« bout. Essayez donc, si vous l'osez, de raconter
« au lecteur impatient *Glenarvon* ou *les sept infants*
« *de Lara !*

« Ainsi, chose étrange et peu croyable, à mesure
« que le drame est devenu difficile à comprendre,
« l'analyse a disparu du feuilleton, soit qu'elle
« ait fatigué le lecteur, soit qu'elle ait paru in-
« supportable au critique ; le feuilleton ne s'est
« pas cru obligé, et tant s'en faut, à suivre pas
« à pas, dans leur course aventureuse, ces drames
« échevelés qui commençaient à six heures du
« soir pour finir quelquefois après minuit ! Non,
« personne n'était plus assez fort pour entre-
« prendre *ab ovo* un pareil récit, et personne assez
« fort pour le supporter.

« Disons tout, la jeune critique avait à faire, elle
« aussi, ses preuves de mérite et de talent ; elle
« voulait montrer qu'elle savait écrire et penser
« pour son propre compte ; elle s'inquiétait de
« l'œuvre nouvelle, à la bonne heure ! elle s'in-
« quiétait surtout du succès qui lui appartiendrait
« en propre, et de l'estime qu'elle établirait de son
« propre talent dans l'opinion du lecteur. En un
« mot, la critique, dans cette chasse ardente aux
« nouveautés de toutes sortes, songeait beaucoup
« à la gloire qui lui en devait revenir, et ceci est un
« des grands caractères du nouveau feuilleton....

« Il ne faut donc pas chercher dans le feuilleton
« moderne l'allure et l'accent d'autrefois ; sa voix
« est plus haute et son geste plus fier. De temps à
« autre, quand il se trouve qu'il n'a rien à dire de
« l'œuvre appelée à sa barre, il se met à parler
« pour son propre compte, et, plantant là ces im-
« puissances, indignes d'un jugement sérieux, il
« se met à faire l'école buissonnière à travers les
« poésies qui lui sont défendues.

« Ajoutez un autre motif, l'agrandissement
« d'une feuille, hier encore si petite qu'elle tenait
« dans le creux de la main, si vaste aujourd'hui,
« que l'on a calculé que toutes les feuilles réunies
« suffiraient en huit jours à envelopper, dans un
« linceul éphémère, le monde habité (1). »

Tout le monde connaît les principaux ouvrages
de M. J. Janin, depuis l'*Ane mort* jusqu'à la *Littérature à Rome au temps d'Auguste*. Tout le monde a
lu le *Chemin de traverse*, *Barnave*, la *traduction
d'Horace*. Et que n'a-t-il pas écrit ? où n'a-t-il pas
écrit *ce prince des critiques*, qui, s'il a des défauts,
comme dit M. Sainte-Beuve, a de bien rares et de
bien aimables qualités !

M. J. Janin a échoué aux dernières élections de
l'Académie française ; c'est un titre de plus qu'il
vient d'acquérir à la sympathie universelle.

(1) *Hist. de la litt. dramatique*, t. Ier, p. 40.

Il y a des échecs qui valent des victoires.

M. LABOULAYE.

M. Laboulaye est à la fois un publiciste éminent et un jurisconsulte distingué.

Comme jurisconsulte, il est un des chefs de l'*Ecole historique*, inaugurée par Montesquieu et continuée par M. de Savigny. Le droit, pour lui, est un enchaînement de causes et d'effets, et comme le résultat de l'essence intime de la nation et de son histoire.

On a de lui une excellente édition des *Institutes de Justinien*, publiée sur le texte de Schrader, avec les notes de *Cujas; Flores juris antejustinianei*, —*Juris civilis promptuarum;* de l'*Enseignement du droit en France;* la *Chaire d'histoire du droit et le Concours;* le *Glossaire de l'ancien droit français*, contenant l'explication des mots vieillis qui se rencontrent ordinairement dans les coutumes et ordonnances de notre ancienne jurisprudence; *Essai sur la vie et les doctrines de Savigny*.

Il a traduit de l'allemand l'*Histoire de la procé-*

dure civile chez les Romains, de Walter; il a.édité les *Institutes coutumières,* de Loisel, avec M. Dupin; l'*Introduction au droit français*, de Claude Ferry, avec M. Rodolphe Dareste, et le *Coutumier de Charles VI.*

Tout le monde a lu les ouvrages de législation et d'économie sociale qui ont fait à M. Laboulaye une réputation de publiciste distingué et libéral : l'*Etat et ses limites ; Paris en Amérique ; Du parti libéral;* et tant d'autres œuvres viriles, où la pureté de la forme se joint à l'énergie du fond : chacune des pages sorties de sa plume est empreinte de cette sobriété nerveuse qui distingue. les maîtres de la pensée. Saluons donc de nos respects cette magistrale figure où l'on retrouve la finesse et la profondeur du sage de Philadelphie.

M. Laboulaye est en effet le Franklin de notre siècle.

M. John LEMOINNE (1).

M. John Lemoinne, dont nous renvoyons la biographie à la *Revue des Deux-Mondes,* est une des

(1) Né à Londres en octobre 1815.

plus vaillantes plumes du *Journal des Débats,* où il traite les questions de politique extérieure. Il a réuni en un volume les principaux articles de littérature qu'il a fait paraître dans ce journal. Les plus remarquables sont ses études sur *Hamlet, Macbeth, Roméo et Juliette,* sur *Marie Stuart,* de M. Mignet, — sur *la correspondance de Mirabeau avec le comte de la Marck,* — sur *Brummel,* le roi des dandies, et sur *O'Connell,* le fougueux orateur irlandais. Son style est vif, incisif, un peu âpre. C'est un des écrivains les plus libéraux et les plus sympathiques du *Journal des Débats.*

M. PRÉVOST-PARADOL (1).

L'Ecole normale, cette pépinière féconde de l'Université, a fourni dans ces dernières années à la littérature une pléiade de jeunes esprits, tous

----

(1) Lucien-Anatole, né à Paris, le 8 août 1829, de M. Prévost, chef de bataillon, et de madame Paradol, sociétaire de la Comédie-Française, a fait ses études au collége Bourbon. Professeur de belles-lettres à la Faculté d'Aix; entré aux *Débats* en 1855.

frappés au coin d'une originalité puissante, tous
remarquables par l'étendue de leurs connaissances
et la vigueur de leur pensée. MM. About, Taine,
Assolant, Deschanel et Prévost-Paradol, avec des
qualités diverses et dans des genres différents, se
sont placés au premier rang dans le livre et le
journal. Leur trait commun est une tendance libérale très-accentuée et une pente naturelle vers
l'ironie.

Tous ils ont conservé, à l'exception du premier,
une raideur d'allure et une tension de la phrase
qui accuse leur origine universitaire. M. Prévost-
Paradol, particulièrement, a dans son style je ne
sais quoi qui sent le doctrinaire et le puritain. La
phrase, chez lui, a quelque chose de métallique,
les contours sont raides, et les périodes se heurtent
avec le bruit sec d'un pistolet qu'on arme. Il va
droit au but, ramassé sur lui-même, les épaules
rentrées et les coudes en dedans. On dirait qu'il a
peur de se répandre et qu'il cherche à rester le
plus près possible de lui-même. De là quelque
chose d'un peu gêné dans le mouvement général
de sa pensée. Mais aussi quels traits nets et vifs!
quelle élévation d'idées! quel heureux équilibre
de force et de finesse! Personne mieux que lui ne
manie l'ironie. Ses petites flèches, flexibles comme
une lame d'acier, partent en sifflant et vibrent
longtemps dans la plaie. Alors sa phrase s'amollit,

et son style a la saveur âcre et irritante des fruits
acides.

Le premier ouvrage de M. Prévost-Paradol : *De
l'influence de l'éducation sur la famille*, a été couronné par l'Académie française. Plus heureux que
M. Taine, il avait eu l'art de n'effaroucher ni la
morale ni l'orthodoxie religieuses. Ce traité est
divisé en deux parties. La première est consacrée
à l'éducation en général ; la seconde comprend la
discussion des deux systèmes opposés d'éducation :
l'éducation privée et l'éducation publique. Il donne
avec raison la préférence à cette dernière, surtout
en ce qui concerne l'enseignement scientifique. Il
s'attache à combattre les objections qu'on a l'habitude de présenter contre elle au nom de la morale et de la religion, et il conclut à une combinai-
son intelligente des deux systèmes, qui, sans priver
l'enfant des avantages de la vie commune, donne-
rait à la famille une plus large part d'influence sur
son éducation intellectuelle, physique et morale.
Son étude sur Elisabeth et Henri IV, qui n'est autre
chose que sa thèse de doctorat, remaniée et aug-
mentée, est tirée d'un vieux livre intitulé : *Mémoi-
esr sur l'ambassade de M. Hurault de Maisse en Angleterre, touchant la paix qui fut conclue à Vervins.*
Hurault de Maisse y donne des détails très-intéres-
sants sur les entretiens qu'il eut avec Elisabeth et
les principaux personnages de sa cour.

M. Prévost-Paradol a largement puisé dans ce livre. Son ouvrage n'en est pas moins une œuvre originale. Il a groupé avec beaucoup d'art et de méthode les nombreux documents entassés par Hurault, et il s'est moins attaché à raconter les négociations entamées entre les deux souverains qu'à nous présenter un tableau fidèle de l'Angleterre en 1597. Les chapitres sur le commerce anglais au xvı° siècle et sur l'état religieux de l'Angleterre sont traités de main de maître.

M. Prévost-Paradol aime beaucoup Henri IV; nous ne lui en ferons pas de reproche; mais il nous semble que son admiration pour ce prince va quelquefois trop loin. Il ne faut pas oublier que sa politique n'a pas toujours été exempte de duplicité, et qu'il sacrifia souvent à ses plaisirs l'intérêt de la France.

Le style de ce morceau a toutes les qualités qu'on attend d'une œuvre historique; il est franc, clair et cursif.

Comme la plupart de ses collègues, M. Prévost-Paradol a réuni en un volume les principaux articles qu'il a publiés dans le *Journal des Débats* et dans la *Revue des Deux-Mondes*. Ce volume intitulé : *Essais de politique et de littérature,* est une œuvre de haute critique qui fait le plus grand honneur à la littérature contemporaine.

M. Prévost-Paradol a l'ambition de devenir un

homme politique. Il s'occupe de préférence, au
Journal des Débats et au *Courrier du Dimanche*, des
questions de presse et de droit public ; et l'on se
rappelle qu'aux dernières élections générales il
avait posé sa candidature dans l'une des circon-
scriptions électorales de Paris. Aussi, dans ces
Essais, la partie politique est-elle de beaucoup
la plus considérable.

Nous citerons, comme tout à fait remarquable,
une magistrale étude sur le gouvernement parlementaire. Nous ne croyons pas qu'il existe autre
part une apologie plus complète et plus éloquente
de ce gouvernement. L'auteur semble avoir re-
trouvé pour l'écrire la plume de Royer-Collard.
Nous mentionnerons également les articles sur la
presse en Angleterre et en France, — sur la procé-
dure criminelle en Angleterre et aux États-Unis,
— sur la liberté des cultes en France, — et sur nos
constitutions depuis 1789.

Tous ces articles, qui nous paraissent supérieurs
aux articles purement littéraires, sont écrits avec
une grande vigueur de pensée et un vrai souffle
libéral.

La partie littéraire renferme des pages touchan-
tes sur la mort d'Hippolyte Rigault, une étude sur
Lamennais et sur Renan, et un compte rendu du
livre de M. Flourens : *La vie et l'intelligence*,
où il nous expose tout au long les belles expé-

riences du savant professeur sur le système nerveux.

Enfin, sous le titre d'*Essai sur les moralistes français*, il vient de réunir une nouvelle série d'articles qui renferment des études aussi savantes que délicates sur Montaigne, Larochefoucauld, Pascal et Nicole.

Tels sont les titres littéraires de M. Prévost-Paradol. Ils annoncent un esprit ferme et étendu, et l'on peut, sans se tromper, promettre au jeune publiciste un avenir brillant et fécond. Mais quel que soit le mérite de ses œuvres, elles ne nous paraissaient pas mériter la distinction suprême, le maréchalat littéraire. Aussi avons-nous été douloureusement surpris de le voir entrer à l'Académie française, poussé par le flot d'une coterie politique, envieuse et sénile. Nous sommes habitués aux aberrations mentales de l'illustre Académie. Cette élection a été justement qualifiée de caprice hystérique d'une douairière échauffée. Et nous avons le droit de nous étonner que M. Prévost-Paradol n'ait pas eu le bon goût d'effacer sa personnalité naissante devant la célébrité européenne de J. Janin, cet écrivain exquis, ce penseur ingénieux, cet Athénien du XIXe siècle. — M. Paradol a abdiqué ce jour-là sa dignité d'homme de lettres pour entrer dans le camp des intrigants et des ambitieux. — Qu'il y reste !

M. L. RATISBONNE (1),

M. Ratisbonne est l'auteur aimé et populaire de
la *Comédie enfantine*, ce livre naïf et charmant où
respire une morale exquise. C'est une entreprise
téméraire que de parler aux petits enfants, à ces
jeunes âmes qui s'éveillent à l'intelligence, et dont
les blancs trésors s'épanouissent sous les baisers de
leurs mères. Cette entreprise, M. Ratisbonne l'a
tentée, et le succès lui a souri. Tout le monde connaît *Être et paraître*, le *Coucou*, *C'est à moi*, la
Fourmi et la Cigale, cette heureuse contre-partie
de la *Cigale et de la Fourmi*. Qui n'a lu avec atten-
drissement le *Cœur d'une mère ?*

> Voilà celle dont la tendresse
> T'a nourri : Regarde-la bien !
> Tu n'auras plus une caresse :
> Hélas ! elle n'entend plus rien.
> Il se trompait : le cœur sans vie,
> Dès que l'enfant chéri fut là,
> Se remit à battre, et ravie,
> Cette mère se réveilla.

Quel gracieux tableau que cette petite fille qui

(1) Louis-Gustave-Fortuné, né à Strasbourg le 29 juillet
1827. Rédacteur du *Journal des Débats* depuis 1853.

18.

pleure amèrement son *oiseau mort*, parce qu'un
jour elle a mangé le morceau de sucre du petit
prisonnier. Les sanglots de l'enfant lui coupaient
la parole :

— Un jour tu m'as donné du sucre pour l'oiseau.
— Eh bien? — Eh bien, maman, j'ai mangé le morceau!

. . . .

> Ceci, mes chers enfants, est une parabole :
> Si pour un petit tort dont on a fait souffrir
> Un oiseau, l'on sanglote en le voyant mourir,
> Un jour quels repentirs, éternels, déchirants
> Pour celui qui n'a pas tout fait pour ses parents !

Nous ne connaissons pas de livre plus sain, plus
frais et plus à la portée des enfants. Il est orné de
jolies vignettes de MM. Gobert et Froment, qui
rappellent le faire un peu maniéré de M. Hamon
et de l'École néo-grecque ; — et M. Stahl a écrit
pour lui une de ces fines préfaces dont il a le
secret.

M. Ratisbonne s'était déjà fait connaître par
une traduction en vers de la *Divine Comédie*, du
Dante. Il avait traduit tercet par tercet, et presque vers par vers ce génie énergiquement familier,
aux allures étranges et mystiques. Cette traduction est elle-même une œuvre originale.
Le vers est souple et ferme tout à la fois; et l'on
ne saurait refuser à l'auteur la couleur et l'accent
d'un vrai poète. — Les mêmes qualités se retrou-

vent dans son recueil de vers intitulé : *Au printemps de la vie,* et dans *Hero et Léandre,* drame antique.

La prose de M. Louis Ratisbonne est chaude et
colorée. — Il collabore à la *Revue contemporaine*
où il a fait paraître un travail remarquable sur
Henri Heine. — Il a réuni sous le titre d'*Impressions littéraires, nouvelles impressions littéraires,
morts et vivants,* ses articles de critique du *Journal
des Débats.* Nous mentionnerons parmi ces études :
Le jour des morts, — Alfred de Musset, — Ary
Scheffer, — Daniel Manin, — Brizeux, — le comte
de Raousset-Boulbon, — Jules Janin, — Mistral,
— Daniel Stern, — George Sand, — Taine, —
où la finesse des aperçus s'allie à la solidité de la
doctrine.

M. RENAN.

M. Ernest Renan est né à Tréguier (Côtes-du-
Nord) le 27 février 1823. Destiné à l'état ecclésiastique, il entra en 1839 au petit séminaire de Paris,
alors dirigé par l'abbé Dupanloup, puis à Issy et

à Saint-Sulpice, où il se livra à l'étude approfondie de l'hébreu et de la théologie. Ses croyances
religieuses ne résistèrent pas longtemps aux inves-
tigations de son esprit critique, et malgré les efforts
de ses maîtres pour le retenir, il abandonna la carrière ecclésiastique en 1845, et s'adonna exclusivement à l'étude de l'histoire, de la philologie et
de la critique religieuse. Ses travaux sur l'étude
du grec au moyen âge, ses articles agressifs de la
Liberté de penser, son mémoire sur l'origine du
langage, fort remarqué en Allemagne, attirèrent
sur lui l'attention du monde savant. Son *Histoire
des langues sémitiques*, si riche en vues originales
et en informations précises, son tableau du système grammatical de ces langues, ses traductions
du livre de *Job* et du *Cantique des Cantiques*, l'ont
placé depuis au premier rang des philologues.
L'immense succès de la *Vie de Jésus*, les injures
des pieux libellistes et des saints pamphlétaires,
la haine des dévots et les attaques épileptiques des
prêtres ont popularisé son nom dans toute l'Europe. Il a réuni sous les titres de : *Études d'histoire
religieuse, essais de morale et de critique*, les articles
qu'il a donnés au *Journal des Débats* et à la *Revue des Deux-Mondes* à partir de 1851, et qui sont
tous remarquables par l'élégance et la lucidité du
style, et par la finesse des idées.

Nous donnerons une appréciation complète de

ces divers ouvrages dans le volume que nous con-
sacrerons à la *Revue des Deux-Mondes,* où parurent
ses premiers articles.

M. Ustazade de SACY (1).

I

« J'ai cru qu'avoir été journaliste et n'avoir été
« que cela me créait peut-être un titre particulier,
« et que le jour était venu où la modestie même
« de cette position pourrait vous sembler une rai-
« son de préférence en ma faveur ; car il n'y a pas
« à s'y méprendre, et personne ne s'y trompe
« moins que moi : en me nommant, c'est à la
« presse que l'Académie a voulu donner une
« marque d'intérêt. Je n'ai jamais fait que des ar-
« ticles de journaux; selon toute apparence, je ne
« ferai jamais autre chose. »

Ces paroles, que M. de Sacy prononçait le 18 mai

(1) Samuel-Ustazade-Silvestre de Sacy, né à Paris le 17
octobre 1801.

1854 dans son discours de réception à l'Académie française, nous semblent caractériser admirablement la situation particulière qu'il occupe dans la presse. M. de Sacy est en effet la personnification la plus brillante et la plus honnête du journalisme contemporain. Le journal n'a pas été pour lui, comme pour tant d'autres, un moyen d'ambition, une sorte de tremplin politique.

A une époque où la presse ministérielle était l'antichambre du ministère, il s'est contenté d'aimer sa profession pour elle-même. Il en a fait la joie et l'honneur de sa vie, ne sacrifiant jamais à une vaine popularité et n'employant sa légitime influence qu'à la défense du droit et de la liberté.

Fidèle aux convictions de sa jeunesse, il n'a pas promené sa plume errante de feuilles en feuilles et de défections en défections. Pendant vingt ans, on l'a vu sur la brèche, combattant à outrance pour l'autorité ébranlée ou les libertés menacées.

Il a pris part à toutes les discussions qu'a soulevées le cours des événements; il a dit son mot sur toutes les questions du jour, sur tous les problèmes sociaux; et au milieu de ce chaos incessant d'intérêts et d'ambitions contraires, où le sens moral s'oblitère à la longue, il a su conserver la délicatesse de sa conscience et la rectitude de son jugement.

Vie honorable et laborieuse, qui réjouit le cœur

de l'honnête homme et le console de toutes les tur-
pitudes contemporaines.

II

M. de Sacy descend d'une de ces vieilles familles
de l'ancienne bourgeoisie, où les traditions d'honneur et de piété se perpétuaient à travers les siècles. Son père, Silvestre de Sacy, était l'un de nos
orientalistes les plus distingués. Versé profondément dans la connaissance de l'hébreu, du syria-
que, du samaritain, du chaldéen, de l'arabe, de
l'éthiopien, du persan et du turc, et de presque
toutes les langues de l'Europe, il a laissé des monuments impérissables d'érudition et de sagacité
scientifique. Ses beaux travaux sur la grammaire
générale, sur la chrestomathie arabe, sur les livres
sabéens et sur la religion des Druses, lui ont acquis
une réputation européenne.

Elevé dans les principes du rigorisme janséniste
et dans la pratique de la plus haute piété, le jeune
de Sacy contracta de bonne heure le goût des
choses sérieuses et des plaisirs délicats. Il nous a
raconté lui-même, avec un grand charme de style,
son enfance écoulée dans la maison paternelle, et
sa jeunesse studieuse au milieu de ses livres. Préparé par de fortes études aux combats de la plume,

il entra en février 1828, à peine âgé de vingt-sept ans, au *Journal des Débats*.

Ce journal était alors à l'apogée de sa puissance, et nul ne franchissait sans émotion ce seuil redou·table.

Ne fallait-il pas passer sous l'œil sévère de M. Bertin l'aîné, le rédacteur en chef, et de son frère, M. Bertin de Vaux, membre influent de la Chambre des députés? Ne fallait-il pas affronter le périlleux voisinage des Geoffroy, des Dussault, des Hoffmann, des Feletz, des Salvandy, des Villemain et des Chateaubriand? Le jeune rédacteur fut chargé de suivre les chambres et de tracer chaque jour en traits rapides la physionomie des séances (en ces temps arriérés le compte rendu officiel n'était pas encore inventé).

Il s'acquitta de cette tâche si difficile avec une rare modération et un grand sens politique.

On traversait alors une de ces époques de transition qui précèdent toujours les grandes crises.

M. de Sacy prit une part active aux polémiques de cette époque. Mais on sent qu'il était mal à l'aise dans cette lutte contre l'autorité.

Il a fait depuis amende honorable pour ce qu'il appelle les erreurs de sa jeunesse : « J'aime le « pouvoir, écrit-il quelque part, je l'aime par ju-« gement et par goût. Je l'ai toujours défendu « avec plaisir; je ne l'ai jamais attaqué sans re-

« gret et presque sans remords. C'est une lourde
« responsabilité que celle d'avoir pris part à une
« révolution, quelque faible que soit cette part.
« Pour mon compte, quelque légitime et néces-
« saire que m'ait paru la révolution de 1830, je
« sais bien que le sentiment qu'elle m'a laissé dans
« le cœur est celui d'une répugnance profonde
« pour ce recours à la force, qui ne fait triompher
« une cause qu'en ternissant sa pureté, et qu'en
« donnant au droit même quelque chose de vio-
« lent et de brutal dont l'empreinte ne s'efface
« pas. »

De tels aveux sont rares et honorent celui qui
les fait.

La monarchie de Juillet fournit bientôt à M. de
Sacy de nombreuses occasions de développer toutes les ressources de son talent. L'opposition légitimiste et républicaine allait commencer cette
campagne de dix-huit ans qui porta de si rudes
coups à la jeune royauté et se termina dans la
rue.

La *Quotidienne*, organe de ce qu'on appelait le
parti militaire, entretenait dans les provinces de
l'Ouest l'esprit de résistance et le culte des rois légitimes; la *Gazette de France* faisait une guerre
pointilleuse d'ironie et d'épigrammes; le *National*,
devenu républicain, combattait, par la plume in-
dignée d'Armand Carrel, la politique extérieure

du gouvernemeut, prêchait l'insurrection et poussait aux barricades. La tribune retentissait de discussions éloquentes, d'accusations véhémentes et de récriminations amères. La petite phalange du *Journal des Débats* se multipliait pour faire face à toutes les attaques.

MM. Cuvillier - Fleury, Saint-Marc Girardin, Alloury, John Lemoinne, luttaient entre eux d'éloquence, de souplesse et d'esprit; mais c'était surtout sur M. de Sacy que retombait la grande besogne. Sans cesse au premier rang, faisant le coup de fusil en tirailleur, il tenait tête à toute l'opposition. En tacticien habile, il savait admirablement profiter des fautes de ses adversaires. Il soutint presque seul la discussion sur l'hérédité de la pairie et la réforme électorale; il prit la plus grande part aux débats sur les lois de septembre, sur les fortifications de Paris, sur l'Université et les jésuites, sur la fameuse maxime : *le roi règne et ne gouverne pas* et sur les banquets réformistes.

Une distinction suprême et une honnêteté parfaite respirent dans tous ses articles. Dans cette improvisation journalière, jamais il ne lui est échappé un mot blessant pour ses adversaires, une allusion offensante pour leur honorabilité. Mais cette courtoisie de formes n'excluait en rien la force et la vigueur du raisonnement, et sous la trame élégante de son style, on sentait une éner-

gie contenue, une indignation latente. Il y
aurait un curieux livre à extraire de cette polémique oubliée. Ce serait l'histoire au jour le jour
de la monarchie de Juillet, histoire qui aurait le
mérite, comme il le dit lui-même, « d'être l'expression toute chaude des émotions du moment. »
M. de Sacy en a presque pris l'engagement dans
la préface de ses *Variétés*. Espérons qu'il ¡y sera
fidèle et qu'il nous fera quelque jour cette surprise.

III

Au milieu de ces luttes de la tribune et de ces
orages de la polémique, M. de Sacy ne négligeait
pas la culture des belles-lettres; et rentré chez lui
le soir, après une journée d'émotions fiévreuses, il
oubliait, dans la lecture d'un de ses bons vieux
livres dont il parle avec tant d'amour, les amer-
tumes du passé et les stériles agitations du présent.

Aujourd'hui que la liberté, pour nous servir de
son expression, subit les lois faites pour la licence,
il s'est réfugié dans le sein de ces éternelles con-
solatrices pour y trouver le calme de l'esprit et la
sérénité du cœur, et pour s'y purifier, dans la fa-
miliarité des grands esprits antiques, des contacts
contemporains.

Il est lui-même un ancien dans toute la force du terme. Il en a la simplicité et la bonhomie. Il s'exhale de ses écrits un parfum de vétusté qui fait plaisir : « Je ne sais, dit-il, si c'est parce que je « deviens vieux, mais il me semble que les hom- « mes que j'ai connus dans ma jeunesse avaient « une originalité de physionomie et un piquant de « caractère qu'on ne retrouve plus aujourd'hui. « Ce qu'il y a de sûr, c'est que les printemps et les « étés étaient plus beaux dans ce temps-là qu'ils « ne le sont aujourd'hui. Qui dira le contraire en « a menti. »

Il a réuni sous le titre de *Variétés littéraires* la plupart de ses articles. Tous, ils se distinguent par la sobriété, la facilité et la pureté du style. Il ne s'attache jamais au point de vue du jour et à la nouveauté éphémère. Il ne recherche point les pa- radoxes brillants et ne s'amuse pas aux parallèles ingénieux. Sa phrase, chastement drapée, marche avec la gravité d'une matrone romaine. On peut lui reprocher quelques redites, des longueurs, un excès de louanges, une perfection trop tendue et une absence assez sensible de nuances.

Quant à ses goûts et à ses doctrines littéraires, il a pris soin de nous les exposer lui-même. « En lit- « térature, dit-il, mes goûts sont exclusifs. N'ayant « jamais eu le temps de lire autant que je l'aurais « voulu, je n'ai lu que des livres excellents, je les

« ai relus sans cesse. Il y a une foule de livres
« très-bons dans leur genre, que tout le monde
« connaît, et avec lesquels je ne ferai jamais con-
« naissance. C'est un malheur peut-être, mais
« malgré moi et par un instinct dont je ne suis pas
« le maître, ma main va chercher dans une biblio-
« thèque ces livres que les enfants savent déjà par
« cœur : un Boileau, un Corneille, un La Fontaine,
« un Labruyère, un Pascal, un Racine. Quand j'ai
« eu à rendre compte de quelques-uns des ouvra-
« ges de notre littérature moderne, c'est avec mes
« goûts antiques que je les ai appréciés. »

M. de Sacy, en effet, ne comprend pas le style
moderne; il ignore ses procédés et dédaigne ses
sources d'inspiration. On peut s'en convaincre à
chaque page de ses *Variétés*. Il est classique par
tempérament, et c'est de tous nos contemporains
celui dont le style rappelle davantage les écrivains
du xviie siècle. — Aussi, comme il les comprend,
comme il en parle avec effusion et plénitude de
cœur! On sent qu'il est tout plein et, pour ainsi
dire, tout chaud de leur lecture.

Ses articles sur Bossuet, sur Massillon et sur
Larochefoucauld sont des modèles de critique fine
et délicate; les pages qu'il a consacrées au *De oratore*
de Cicéron sont un vrai chant d'enthousiasme. Il
célèbre la richesse de ses expressions, l'élégance et
la variété de ses tours, la transparence lumineuse

de son style, avec de chauds élans dont rien n'approche.

Mais son chef-d'œuvre, de l'aveu de tous, est son article sur le Catalogue de la bibliothèque de J.-J. de Bure. Il s'est mis là tout entier avec sa bonhomie et son sourire de vieux bibliophile. Rien de plus neuf, de plus piquant, de plus doucement triste, que les pages naïves où il nous dépeint les habitudes patriarcales et la physionomie originale des antiques libraires qu'il visitait dans leur vieille rue Serpente. C'est un tableau plein d'*humour* et de finesse.

Comme moraliste, M. de Sacy appartient à l'école de l'abbé de Saint-Cyran. Les traditions jansénistes de sa famille l'ont de bonne heure pénétré et envahi. Il lisait le dimanche les *Traités* de Nicole et apprenait par cœur les *Provinciales* dans le latin de Wendrock. — « Vous constituez un Port-Royal à vous tout seul, lui disait M. de Salvandy en le recevant à l'Académie française. » Mais le rigorisme des pieux solitaires est mitigé chez lui par les effusions de son cœur et les grâces de son esprit. C'est un moraliste indulgent. Il hait Larochefoucauld parce qu'il calomnie la nature humaine ; et l'âme troublée de Pascal l'attire invinciblement. Il a des préférences païennes et des aspirations catholiques. Il est philosophe par les idées et chrétien par les sentiments.

En histoire, il aime à retracer les triomphes de la force morale sur la force matérielle, les luttes du droit et de la liberté contre la violence et l'oppression. Il combat la théorie du progrès indéfini, et il s'efforce de prouver que nous sommes en pleine décadence.

Il aime surtout l'histoire morale et simplement narrative, à la façon de Tite-Live et de Tacite, comme si notre histoire n'était pas supérieure à celle des anciens, sinon comme œuvre d'art, du moins comme vérité.

Telles sont les qualités de ce recueil, humble d'apparences, mais fort d'idées et sain de style, qui restera comme un des meilleurs livres de la littérature contemporaine.

IV

Le littérateur chez M. de Sacy n'a pas étouffé le bibliophile. Sous le titre de *Bibliothèque spirituelle*, il a réédité quelques livres de piété qu'il a fait précéder de notices charmantes, auxquelles on ne peut reprocher qu'un peu de mysticisme.

Nous mentionnerons seulement l'*Imitation de Jésus-Christ*, l'*Introduction à la Vie dévote* et les *Lettres de saint François de Sales*.

L'*Imitation !* livre unique entre tous les livres !

Toutes les générations ont mouillé leurs lèvres à cette source de vie. Chaque âge, chaque condition y trouve un enseignement, une règle de conduite. C'est une des beautés morales de ce livre que l'incertitude qui plane sur son auteur. L'auteur, ce n'est ni Gerson, ni Thomas a Kempis, c'est l'âme chrétienne, c'est l'humanité tout entière. Chaque siècle a voulu le traduire, mais il est resté intraduisible.

Une des traductions les plus estimées est celle du garde des sceaux Michel de Marillac, qui parut en 1621 et eut jusqu'à 50 éditions dans le cours du xvii° siècle. Elle se distingue par son exactitude et par je ne sais quel charme enfantin et sans apprêt; mais elle manque de nerf et de précision. On sent que la langue se dénoue et commence à marcher avec cette hésitation pleine de grâce qui précède la maturité. C'est cette traduction devenue rare que M. de Sacy a réééditée. La notice qui la précède est peut-être le morceau le plus exquis qui soit sorti de sa plume.

Qui ne connaît aussi l'*Introduction à la vie dévote de l'aimable François de Sales*, ce livre charmant d'où s'exhale un parfum des champs, une odeur de buissons verts? Les saints tristes et austères choquent la délicatesse de nos âmes; mais le bon saint François, avec sa langue gracieuse comme le bégaiement de l'enfance, avec ses images

champêtres, sa finesse et quelquefois sa mignar-
dise, fera éternellement le charme des âmes ten-
dres et poétiques. « Il était, dit le minime Louis de
« la Rivière, un de ses biographes, il était incom-
« parablement beau et ayant le visage gracieux à
« merveille, les yeux colombins, le regard amou-
« reux, son maintien était si modeste que rien
« plus. » Quelle expérience du monde, quelle
connaissance du cœur dans ses instructions à Phi-
lothée ! Quelle science de la direction des âmes,
cette agriculture spirituelle, comme l'appelle Bossuet ! M. de Sacy explique à merveille le mysticisme un peu maniéré du bon saint. Il nous raconte avec une émotion pénétrante ses courses à
travers la montagne et les longues nuits d'hiver
passées sur la paille, au chevet des pauvres ma-
lades.

Il s'éprend d'un vif amour pour les saints de la
légende chrétienne. « Quand aurons-nous, dit-il,
« une bonne vie des saints ? Est-il donc nécessaire
« que les empires s'écroulent pour que le spec-
« tacle soit digne de notre attention ? N'est-ce pas
« dans l'âme que se passent les grandes choses ? »
Ce ton contraste étrangement avec son allure
habituelle. Est-ce bien le même homme qui disait
qu'il voulait vivre et mourir un pied dans la foi et
l'autre dans le doute ? Du reste, il nous a expliqué
lui-même dans la préface des *Lettres choisies de*

saint François de Sales pourquoi il s'est fait l'éditeur de tant de livres de piété : « Est-ce bien néces-
« saire, dit-il, d'être un saint ou même un fervent
« et rigide chrétien pour goûter les livres de reli-
« gion et de piété? Quand je suis fatigué de tout,
« c'est à eux que je reviens avec bonheur, je les
« lis avec délices, ils charment mon âme et la
« remplissent de cette joie secrète qu'inspire un
« jour sans nuages, une lumière pure, une bonne
« action accomplie. Aussi loin que je remonte
« dans ma vie, je les retrouve à côté de moi ces
« bons vieux livres, comme la source de mes
« meilleures inspirations; ils ont élevé mon enfance,
« préservé ma jeunesse et mon âge mûr de bien
« des écueils, ils me consolent dans le déclin de
« l'âge, et me consoleront, je l'espère, au jour
« prochain de la suprême et redoutable épreuve.»

On ne saurait certes mieux dire et ce n'est pas nous qui nous plaindrons de la prédilection de M. de Sacy pour ces *bons vieux livres*, puisqu'elle nous a valu tant de pages fraîches et gracieuses. C'est ainsi qu'il a successivement réédité le Nouveau Testament, traduit par Mezenguy, les *Lettres de Bossuet à la sœur Cornuau*, suivies du *Traité de la Concupiscence*, un choix des sermons de Bossuet, de Bourdaloue et de Massillon, l'*Œuvre des six jours* et le *Traité de la Prière publique*, de Duguet, et un choix des petits traités de Nicole.

M. de Sacy publie en ce moment une édition nouvelle des *Lettres* de madame de Sévigné, un de ses auteurs favoris, dont sept volumes ont déjà paru.

Cette édition se recommande à tous les amateurs des bons livres par la pureté du texte, aussi bien que par sa perfection typographique.

Nous n'avons pas eu la prétention de faire une étude sur M. de Sacy dans ces quelques lignes.

Nous serions heureux de le faire aimer de quelques-uns et de leur avoir donné l'envie de le lire. Nous vivons dans un temps de transformation où tout s'agite autour de nous.

Quand on voit des vieillards traîner leurs cheveux blancs dans la fange des apostasies; quand la jeunesse éteint dans son cœur l'ardent foyer des fiers sentiments, il est beau de rencontrer un homme, indifférent à nos intrigues, laissant passer avec dédain le flot des ambitions sonores et des désirs inassouvis.

Cette vue réjouit l'âme attristée, et l'on jure à son tour de garder sa plume et ses lèvres vierges de tout prosternement et de toute adulation.

M. J.-B.-Léon SAY.

M. Léon Say vit tranquillement à l'ombre de son nom. Un mérite que personne ne lui contestera, c'est d'être le fils d'Horace et le petit-fils de Jean-Baptiste. Il n'en est pas plus fier.

Ses ennemis prétendent qu'il n'a donné jusqu'ici que des espérances : c'est une calomnie.

M. Léon Say a déjà publié une brochure sur la *Caisse d'escompte* de 1848 ; il a inséré dans le *Dictionnaire du commerce et de la navigation* et dans le *Journal des Économistes* quelques articles sur les compagnies d'assurances, sur les halles et marchés, sur la condition des soies et sur les monts-de-piété.

En outre, tous les deux ou trois mois il paraît de lui un article dans le *Journal des Débats*. Il y a quelques jours il rompait une lance contre M. Devinck, l'homme au chocolat, et le monde scientifique applaudissait à cette lutte mémorable.

On a peine à comprendre comment un seul homme peut mener de front des travaux si divers et si multipliés ; et ce qui redouble l'étonnement, c'est qu'on ne lui connaît pas de collaborateurs.

Ajoutons qu'il est administrateur du chemin de fer du Nord, et admirons les voies de la Providence qui a permis que certains hommes étonnassent la faiblesse humaine et servissent ainsi d'aiguillon permanent à notre paresse et à notre ignorance natives.

Espérons que les préoccupations politiques n'enlèveront pas ses précieux loisirs à la science et que l'ambition législative ne le poussera pas, comme son parent Constant Say, le raffineur, à accabler de prospectus le passant inoffensif et le bourgeois paisible.

Dors donc en paix dans ta gloire, ô Jean-Baptiste, ta race n'a point dégénéré; tu as fondé une dynastie économique, et ton nom, sans cesse rajeuni par tes petits enfants, est désormais impérissable.

M. H. TAINE (1).

Voici un homme que, pour ma part, je crois

(1) Hippolyte Taine, — né à Vouziers (Ardennes) en 1828, — fit ses études au collége Bourbon, où son nom, grâce à

appelé à de hautes destinées littéraires et philosophiques. Après un examen attentif, ou mieux, une
étude sérieuse de la première partie de son œuvre,
il me paraît devoir être, quelque jour, une de ces
hautes personnalités dont le nom reste comme
l'expression d'une époque scientifique et littéraire,
comme un chaînon dans cette chaîne sans fin des
évolutions de l'esprit humain.

C'est à la fois un penseur et un écrivain, espèce
plus rare qu'on ne croit.

M. Taine sait bien, pense bien et écrit bien ; de
plus, il est original et ne relève de personne ni en
philosophie, ni en littérature. Imbu de l'idée de
la hiérarchie des choses dans le monde, cette admirable découverte à laquelle Leibniz a attaché
son nom, et qui est pour nous presque contemporaine puisqu'elle n'a commencé à être appliquée
dans les sciences et dans les lettres que de nos
jours par les Is. Geoffroy Saint-Hilaire, les Littré

ses succès, est resté populaire. En 1847, il obtint le prix
d'honneur de rhétorique. L'année suivante, il entra, après
un brillant concours, à l'Ecole normale. Se destinant à l'enseignement, il se prépara à l'agrégation de philosophie,
mais les doctrines qu'il afficha dans les examens le firent
refuser au concours. Successivement professeur à Nevers, à
Poitiers, à Besançon, voyant sa carrière brisée par l'intolérante orthodoxie de ses supérieurs, il quitta l'Université,
et par de rudes travaux se prépara au noble métier d'homme
de lettres. Il vient d'être nommé récemment professeur de
littérature étrangère au collége de France.

et quelques autres; imbu de cette idée, dis-je, il
a étudié successivement la biologie, la sociologie,
et enfin la nature morale et intellectuelle de
l'homme. Cette méthode féconde a porté ses fruits :
par un heureux privilége M. Taine a pu donner
à ses écrits cette forme sérieuse n'excluant ni la
grâce, ni la finesse, qui exprime de la façon la
plus claire et la plus précise les idées originales, et dont nous trouvons un exemple dans sa
très-remarquable histoire de la *Littérature anglaise.*

N'en déplaise à ces hommes à imagination vive,
qui prennent les conceptions aventureuses de leur
cerveau pour l'expression de la vérité, de ce qui
est, ou de ce qui doit être, et s'empressent de les
promulguer sur-le-champ comme articles de foi,
la science des choses ne vient ni si vite ni si facilement. Il faut beaucoup étudier, beaucoup travailler, beaucoup penser, beaucoup méditer ; et après
ce labeur énorme on est tout étonné de la minceur
et de la petitesse du résultat : la simplicité des
choses apparaît comme le couronnement de l'œuvre. On ne la soupçonnait même pas, elle arrive
naturellement et la dernière.

Alors on reconnaît, sans effroi, mais non sans
étonnement, que la science humaine tiendrait dans
la main d'un enfant, et que ce petit bloc d'idées
résultant des évolutions de l'esprit humain pen-

dant cent mille ans est un petit monument complet qui ne saurait exister qu'à la condition de n'en détacher aucune partie : on reconnaît que tout se tient, tout se lie, tout s'enchaîne dans le monde, et qu'il est aussi absurde d'établir des spécialités dans le faisceau des connaissances humaines que de faire sur les abstractions des opérations analogues à celles que les mathématiciens font sur les chiffres ; on reconnaît que la philosophie résume toutes les sciences et qu'on en restera toujours aux systèmes tant qu'on raisonnera *à priori*, tant qu'on isolera la pensée, tant qu'on retranchera quoi que ce soit de l'indissoluble faisceau ; on reconnaît que toutes les fois que les conditions d'un phénomène sont réunies, il ne se peut pas qu'il manque à se produire.

Et, notez ceci, on n'est pas du tout écrasé par ce que l'on a trouvé. On en conçoit au contraire un légitime orgueil : l'homme sait bien peu de choses, mais il n'y a aucun être dans le monde qui en sache autant.

Oui, tout se lie, tout se tient, tout s'enchaîne ; oui, le produit d'un milieu ne peut pas être autre qu'il n'est, et M. Taine le sait bien, et M. Taine l'a dit avec son autorité et son talent. C'est du reste là le prétexte aux critiques. On lui a reproché d'avoir donné dans son récent ouvrage trop d'importance à la race et pas assez à l'individu.

Ce n'est pas ici le lieu de défendre M. Taine; on le conçoit bien, une discussion de cette nature cadre mal avec une biographie; nous nous bornerons à dire que ces critiques ne sont nullement fondées; que ces critiques ne sont que de vagues conceptions d'esprits spéculatifs, désolés de n'être qu'un produit, quand ils s'intitulaient orgueilleusement des producteurs.

On l'a accusé également de ravaler l'homme. C'est donc ravaler quelqu'un que de le faire l'artisan de son bonheur, le pionnier du progrès, l'initiateur du mieux plutôt que le jouet inconscient ou l'abject instrument de l'arbitraire? c'est donc ravaler l homme que de lui dire : Tu es un homme et pas autre chose.

L'*Histoire de la littérature anglaise* est remarquable à tous les titres. Aussi solidement pensée que solidement écrite, cette œuvre restera comme un des matériaux les plus considérables pour l'histoire des progrès de l'esprit humain. Toutes les nuances par lesquelles a passé la civilisation anglaise y sont fermement indiquées. On la voit pour ainsi dire marcher devant soi. Ses allures accusées que lui donne la race ou l'expression du milieu initial, se modifient à nos yeux à mesure que le milieu se modifie.

Ce livre exprime parfaitement le talent de M. Taine, l'imagination et la science unies indis-

solublement y répandent un attrait singulier. On
reste sous le charme longtemps après l'avoir lu.
Il faut se faire violence pour laisser à la critique
le soin de faire quelques restrictions.

Ce livre a été précédé d'autres livres, il en est
en quelque sorte la résultante. Le premier en date
est un *Essai sur Tite-Live*. Ce fut un coup de
maître que ce premier essai. Les hardies théories
de l'auteur y apparaissent à nu; néanmoins l'A-
cadémie française, si foncièrement spiritualiste,
n'hésita point à le couronner.

L'attention du monde lettré fut éveillée, désormais on attachera à tout ce qui sortira de cette
plume puissante une grande importance.

La Fontaine et ses Fables; les *Philosophes français
au dix-neuvième siècle;* des articles de critique et
d'histoire publiés à la *Revue de l'Instruction publique*, à la *Revue des Deux-Mondes*,¹ dans le *Journal des Débats*, ne firent qu'accroître la réputation
littéraire de M. Taine.

Mais voici qu'il publie son *Voyage aux Pyré-
nées*, et nous montre une autre face de son talent.
Cette œuvre charmante est une sorte de profession
de foi de la philosophie moderne : non-seulement, semble dire l'auteur, le véritable philosophe doit être un naturaliste distingué, un habile
anatomiste, un savant physiologiste, un jurisconsulte instruit, un ingénieux érudit, mais encore

un poète à la riche imagination, un observateur
perspicace, un peintre de paysages, un conteur
gracieux et enjoué, et un homme aimable et tolé-
rant.

La forme de M. Taine est particulièrement élégante. Ce n'est ordinairement pas par là que les
philosophes pèchent, aussi sommes-nous double-
ment reconnaissant envers lui, qui dans ses études
sur Racine, Jean Reynaud, Balzac, Dryden, Ad-
disson, Pope, etc., nous a donné de si charmants
modèles d'observation fine, de science profonde et
d'érudition brillante.

On conçoit qu'une étude sur un maître aussi
jeune ne peut être incomplète. Nous nous arrê-
tons ici et prenons soin d'y placer le signe +.

M. Jean-Jacques WEISS.

Les prénoms de Rousseau, le plus éloquent des
écrivains français, furent donnés à M. Weiss. Sans
doute, cette conformité avec un grand homme ne
donne pas l'esprit, mais ne nuit pas, et j'avoue

que Jean-Jacques a la puissance de me faire rêver
chaque fois que je le rencontre, au point d'envier
le sort de ceux qui furent si bien partagés au jour
du baptême. Les noms sont pour quelque chose
dans les destinées; ils ne font ni la position ni la
gloire, mais ils y aident beaucoup, sans parler de
l'effet moral qu'ils produisent sur le caractère. Un
prénom n'est certes pas une grande affaire, cependant il a sa part ou son degré d'influence.

Jean-Jacques Weiss eut de grands succès au collége Louis-le-Grand et, je crois, le prix d'honneur
de philosophie au concours général. Ces dispositions aux belles-lettres le conduisirent directement
à l'École normale.

Il paraît que quelque diable a fait de cette école
son domicile, car beaucoup de jeunes gens qui s'y
forment au professorat, se retrouvent par aventure
journalistes. Ce n'est pas un, ni deux, qui dévient
ainsi, mais ils arrivent par masses, par troupeaux;
ils se suivent, s'appellent, et malheureusement
ils se ressemblent. Il y a là un symptôme inquié-
tant qui prend les proportions d'une calamité publique.

On parle des plaies d'Égypte, mais je les préfé-
rerais toutes à la fois plutôt que ces nuées de sau-
terelles journalistes qui s'abattent sur tous les papiers publics, en haut, en bas, au milieu, à la fin,
partout. Que nous apporteront tous ces jeunes

gens, élevés pour la pédagogie, nourris des mêmes leçons, façonnés au même style, inspirés des mêmes idées? Évidemment une somnolence universelle. Si bonne que soit une chose, toujours répétée, elle devient fastidieuse. Il faut des normaliens..... peut-être, mais pas beaucoup n'en faut. Certainement ils manient délicatement l'ironie, car il est à remarquer qu'ils ont tous le fond ironique, mais l'ironie est une figure qui ne plaît pas à tout le monde; elle est une arme qu'on emploie à un moment donné, mais ce n'est pas une fonction. Or, l'ironie trop fréquente, à tout propos et hors de propos, attaque les nerfs des moins délicats. J'en sais qui tremblent de voir à Paris se former une école des *ironistes;* ils la pressentent, énumèrent ses éléments et la suivent dans ses manœuvres; il ne lui manque, disent-ils, que l'organisation matérielle.

Sans partager les craintes ou le cauchemar de ces pessimistes, nous ne sommes pas tout à fait rassurés sur l'avenir du journalisme, livré à des hommes qui ont une origine unique. Aujourd'hui qu'ils n'occupent encore que la circonférence des journaux, ils font la chaîne pour en interdire les abords à tout ce qui n'est pas eux, et le jour où ils auront envahi le centre, nul n'aura d'esprit, sinon eux et leurs amis. Les normaliens, doucement ironiques, seront partout et encore autre part. En

attendant, ils prennent des à-compte : d'un journal à l'autre ils échangent des formules inusitées
d'admiration, des éloges hyperboliques pour le
moindre mot, la plus petite phrase; ils se disent de
grands écrivains. Le croient-ils? croient-ils à quelque chose?

Tout œuf pondu ne contient pas un poulet, tout
normalien n'est pas journaliste; il pourra s'en
trouver un bon, non parce que..... mais quoique
normalien. On ne fabrique pas plus les journalistes
que les chanteurs, les peintres, les acteurs, les
poètes, les orateurs. On forme des médiocrités, des
gens bons à tout faire, mais propres à rien. Avant
tout, il faut l'étoffe, c'est-à-dire le don de la nature,
le travail personnel aidant, le génie vient, se décèle
et éclate. Alors vous avez l'homme, l'artiste, le
penseur, l'écrivain. D'où vient-il? On ne sait. Il
était peut-être soldat hier, ou commerçant, ou
clerc, ou fonctionnaire, employé, domestique,
mendiant; il était tout ce que vous voudrez,
excepté d'un conservatoire quelconque.

Nous souhaitons l'abolition des écoles, des con-
servatoires, en même temps que nous voulons la
liberté absolue d'enseignement.

Revenons à M. Jean-Jacques Weiss. Il était donc
de l'Ecole normale, et, tout naturellement, il devint
professeur d'histoire au collége de La Rochelle;
plus tard, en 1856, il occupa la chaire de littéra-

ture française à Aix; en 1858, la Faculté de Dijon le posséda comme professeur d'histoire.

M. Weiss était ambitieux; tout en exerçant son professorat, il communiquait au *Constitutionnel* des Variétés littéraires. Le journalisme le séduit, il rompt avec ses modestes et obscures fonctions, brûle ses vaisseaux et conquiert le *Journal des Débats*. Pendant longtemps, il fut chargé de la rédaction du *Bulletin politique*, en alternant avec M. Prévost-Paradol ou M. Alloury; il publia aussi des premiers-Paris ou articles de fond, ainsi que des Variétés.

Il a collaboré à la *Revue des Deux-Mondes*, à la *Revue de l'instruction publique* et au *Courrier du Dimanche*.

M. J.-J. Weiss est auteur de plusieurs ouvrages : *Essai sur Hermann et Dorothée*, de Gœthe, un volume *De Inquisitione apud Romanos Ciceronis tempori*. Il vient de faire paraître un autre volume contenant des articles publiés dans les *Débats*, et dont le titre modeste est : *Essai sur la littérature*.

M. Weiss a été candidat aux dernières élections de Paris; il a cru devoir se retirer avant le vote.

M. Weiss est né à Bayonne en 1827. Il est libéral, ce qui n'est pas un mérite à notre époque. Nous lui souhaitons de devenir populaire.

Outre ces rédacteurs, le *Journal des Débats* compte encore :

MM. Eugène Yung, le jeune et brillant élève de l'Ecole normale ;

Jules Paton, le savant rédacteur du *Bulletin financier*, l'un des anciens directeurs de la *Ruche populaire* de 1848 ;

Stahl, pseudonyme de l'intelligent et courageux éditeur Hetzel, qui n'a écrit aux *Débats* que des articles littéraires fort remarqués ;

Albert Petit, Xavier Raymond, Ernest Camus, Auguste Léo, le docteur Daremberg, l'éditeur érudit des œuvres d'Hippocrate, de Galien, de Celse et d'Oribase, et enfin M. d'Ortigues, le digne successeur d'Hector Berlioz.

FIN.

TABLE DES MATIÈRES

FIN DE LA TABLE.